法拍屋投資攻略

全能法拍王吳鴻暉

無私傳授合法暴利的祕密

20年600間的實戰經驗

法拍必勝123

吳鴻暉 ——— 著

目錄 CONTENTS

實戰入門篇
一步步了解法拍流程

進場實務篇
從零開始參與法拍

疑難雜症篇
各類法拍狀況分享

推薦序

我們都是寫故事的人,故事也是在寫我們。

入秋前一通電話,興中哥,可以幫我寫〈序〉嗎?

故事就開始了⋯⋯

在台北市仲介公會服務多年,首度接任跨品牌流通聯誼會主委一職,尋覓符合大港湖區會長資格人選時,腦海出現「吳鴻暉」,這位認識多年體格壯碩,誠懇稚氣帶著江湖氣的店長,義不容辭答應接任,奉獻服務。

房地產事業涵蓋牽涉範圍極廣,單就「法拍」就屬箇中專業了。作者詳述踏入房地產事業,逐步建立法拍事業進而成為法拍達人,毫不掩飾的將武功祕笈奉獻出。

從基本認識篇〈法拍沒你想的那麼難,認識建物及土地謄本〉,再進入實戰入門篇〈一步步了解法拍流程〉,進而開始參與法拍,最後,疑難雜症篇〈各類法拍狀況分享〉。一步步帶領讀者揭開這帶著神秘的面紗,進入「法拍」的世界,由淺入深,原來,商機就在一般人不熟悉之處。

本書可說是本極佳的工具書，即使從未涉入房地產事業，也可學到不動產基本的認識，投資房地產所必須了解的各個面向及操作模式，專業的投資建立在理論與實務都要兼顧，相信專業，交給專業，交給作者。

台北市不動產仲介經紀商業同業公會理事 &
　　　　　跨品牌聯誼流通主委／**李興中**

推薦序

　　很開心收到好友吳鴻暉的邀請，非常榮幸來寫推薦序！本人從事法拍投資及教學已 35 年了！也遇到許多法拍從業人員，但像吳鴻暉做人誠懇、待人謙虛、廣結善緣，每天不斷吸收新知的人並不多！

　　吳鴻暉（頂贏國際資產管理投資顧問股份有限公司）事業體有中古屋買賣、都更及危老、土地開發、旅館經營管理等……法拍屋教學及投資只是其龐大企業體之一部分。

　　不動產買賣能低價取得，法拍屋市場算是最佳管道之一，但一般人都會對未知有所恐懼，法拍屋就存在許多的未知數，在它事前法拍屋資訊取得，及事後能否確實擁有「使用權」，或海蟑螂及不理性的債務人或現住人可能破壞法拍屋內部裝潢及格局為威脅等問題，以及相關法律知識，如民法、刑法、土地法、土地登記規則、強制執行法等都要了解！

　　本書從法拍屋被查封開始，接下來的找尋資訊，如何看法拍屋、投標注意事項、所有權（有權狀、違章建築），使用權即法拍屋的交屋（點交、不點交）及特殊物件。以故事

來分析解讀法拍屋的利害關係，讓初學者能深入淺出，了解吳鴻暉在法拍屋市場多年的親身經驗，學習如何解決法拍屋的各種疑難雜症。

房產景氣愈不明朗，法拍屋的案量愈是急速增加！機會是留給準備好的人，事前多做功課，絕對是殺敵致勝的關鍵，最好的商業模式就是「逢低買進，逢高賣出」，投資法拍屋跟著吳鴻暉法拍達人能讓「窮人翻身，富者愈富」。

《法拍屋實戰寶典：
法拍教父黃正雄教你投資法拍賺千萬》作者／**黃正雄**

推薦序

　　子立從事不動產仲介業逾 40 年以來廣結善緣,致力於提升產業服務強度及服務品質不遺餘力,承蒙台北市近千位會員代表的厚愛子立得以順利當選第九屆、第十屆及第十二屆不動產仲介經紀業公會理事長。

　　子立很榮幸受到本屆大港湖區吳鴻暉會長之邀請,為他即將出版的小資法拍實戰翻身工具書寫序。子立深知把錢投資在對的地方才能讓你的資產翻倍!尤其在通膨嚴重且物價高漲的時代,消費者越來越難買到便宜且理想的房子。若自住客買法拍屋可以立刻省下數百萬元,也能幫助年青人減輕很大的負擔。

　　法拍達人書中寫到「因為一個選擇我翻轉了人生」,並詳細說明了法拍屋最重要的資料收集及處理的專業步驟與方法,並教大家如何尋找合法的專業法拍代標顧問公司,讓消費者買法拍屋買的安心,住的放心,也不用擔心任何重大糾紛與瑕疵及所負擔的服務費,還可以完全的抵扣房地合一稅,所以找對合法的專業法拍代標顧問公司非常重要!

法拍達人吳董的法拍實戰心法由淺入深，雖然子立對於法拍方面沒有實務經驗，但經由作者鉅細靡遺的介紹，讓我更加了解到法拍的步驟以及方法，透過本書可以讓你我他更加了解法拍屋相關法規。

　　預祝法拍達人業績長紅、新書大賣！

台北市不動產仲介經紀商業同業公會
　　　　第十二屆理事長／**郭子立**

序章

翻轉人生，
讓我們學習投資法拍屋

　　我們都是寫故事的人，只要有心，認真的投入一項使命，不但能夠打造自己更美好的人生，也能為這世界創造價值。只是有些人的故事主要裝載的是自身的回憶；還有些人的故事，則可以容納很多人的夢想。

　　曾經，我是個再平凡不過的小市民，開著計程車，載著人們安全回家，也賺取自己的生計。我寫的是小市民的故事，也是平凡勞工的人生紀錄。

　　然而因緣際會地，我走入投資房地產的領域，現在的我不只幫自己寫故事，也協助別人圓夢完成他們的故事。

　　我知道對許多人來說，房子代表的是人生成就的一個里程碑，而擁有金錢則能夠建構攀登夢想園地的階梯進而實現。而我的專業，正好兩者兼具，我既可以幫助人們擁有房地產，也積極協助人們，靠著正確的投資，做更有效率的理財規劃運用。

　　人們稱我是法拍屋達人，而我確實在法拍屋這個領域征

戰十多年，累積了豐碩的成果與經驗值，也因此決定，除了透過實務助人圓夢，也要將我的專業以淺顯易懂的方式，讓想要藉由投資房地產翻轉人生的人，有個參考的指南。

因為一個選擇，我，翻轉了人生

人生真的是可以翻轉的，成功絕非只屬於少數擁有資源者的專利。如果像我這麼個出身條件不佳，沒學歷、沒天賦、更沒背景的人，都可以靠著選對投資標的，開創一片天，相信每位有著比我更好條件的人，只要肯學肯做，都一定可以獲致你們所想要的成功。

雖然成功有諸多定義，但這裡我直接導入正題，帶領讀者們透過正確的投資，以更快速的賺錢方式，合法累積財富。我相信我已經在法拍屋這個領域，達到相當的位階，我有著堅定信念，十年如一日地專注執行，創立的不只是事業，也協助許多人圓夢，獲得他們想要的成功。

我不敢說我是法拍屋這門學問的第一把交椅，但很肯定的是，我在台灣法拍屋界「實戰」經驗最豐富，也是在這門領域數一數二投入最多心血的人。我願意將這些實戰經驗，歸納出一套人人可以了解的步驟與邏輯，讓讀者僅靠一本書，就可以對法拍屋有個清楚的概念。

當然，坐而言不如起而行，是天下學問共通的一個道理，所以若要真正翻轉人生，還是需要每個人，願意踏出第一步，

至少從參與法拍屋查詢資訊及物件勘查起始。本書只是做為一個觀念建置的基礎，而後續我這個法拍屋達人，也願意透過我的專業團隊，協助你進入法拍實務。

而我也知道有些朋友覺得擁有房子很重要，但提起法拍屋就覺得比較陌生，比較有距離。因此我來分享一個跟賺錢有關的思維，亞洲首富之一李嘉誠爵士曾提過這樣的概念，當一件事大家都在談論的時候，代表商機早已不在了；相反的，很少人觸及的就是商機所在。相信大家都知道，提起房地產，可能身邊的朋友或多或少都有參與，但提起法拍屋，就絕對屬於投資的小眾。

法拍屋投資麻煩嗎？肯定麻煩，但這世間可以帶來影響力的事情有哪件不麻煩？

法拍屋投資有風險嗎？肯定有，現在連儲蓄都有風險了，哪個投資沒風險？

我知道讀者想知道的是：「會不會超級麻煩？有沒有很大的風險？」那麼我的回答是，任何一門專業，若靠著自己胡亂摸索，一定很麻煩、一定有高風險。但如果有著專業的人，肯用心地按部就班做導引，不但幾乎沒風險，並且還是個學習的好機會。

想要翻轉人生，就是要找到對的人，投入正確的項目，重點就是把錢放在對的地方。

投資房地產，得把錢放對地方

什麼叫把錢放在對的地方？

- 如果錢放著放著，竟然越變越薄，那當然就是放錯地方；例如定存就是如此。讀者應該也知道，現在都已經進入負利率的時代，定存頂多就是「手邊放點現金備用」的概念，而非理財投資。

- 如果錢放著放著，竟然大失血甚至整個被消失，那絕對是放錯地方。

  關於這點可舉例的就多了。有人做股票、有人做期貨、有人投資朋友的資金盤等，最終不只白忙一場，可能還血本無歸。

- 最保守的狀況，錢放著放著，不增也不減，那也是放錯地方。

  錢沒減少為什麼也是錯？因為戶頭餘額不增不減，但物價會漲啊！大家都應該還記得，大約二十年前波蘿麵包一個才十元，現在至少要三十元才買得到。這不只是漲一成兩成，而是漲三倍耶！

因此，最終我們為何一定要談到房地產，並且談房地產，談到最高境界就是要談法拍屋？那就是為了要讓錢「放對地方」。

但凡我們投資，最重視的就是兩件事：低風險、高報酬。若無法面面俱到，至少做到「可承受的風險以及最高的報酬」。

而房地產投資就是典型的「在可承受的風險範圍內，獲取高報酬」；特別是法拍屋，更是感覺風險稍高，但報酬又再加倍。

房地產投資三大特色

我本身投入房地產多年，也看過身邊朋友們在不同的投資項目跌跌撞撞，相較來說，房地產投資卻非常穩健，包括人們最不敢碰的法拍屋項目，其實反倒是帶來很大獲利空間的投資。

我經常跟朋友說：「別看我外型長得很大隻，其實我心臟很小顆。」我選擇的投資，絕對不會是那種雲霄飛車般起伏劇烈的。我從不被什麼號稱高報酬的投資所誘惑，因為賺多少金額不是重點，投報率才是！投報率一定包含風險評估，切記：當你想賺人家的利息，別忘了，對方可能想賺你的本金。

我從以前到現在，一路走來，始終如一，我只專注投資房地產。

房地產投資具有三個特性：

銀行是我們的靠山

各位讀者想想，除了房地產，還有哪一種投資，銀行願意當你的大股東？願意借給你七八成以上的資金。不只當你

的投資支柱，陪你走很長歲月，同時也是你的諮詢顧問。

舉例來說，我們買房子，一定要選都市計畫內的。所謂都市計畫內，就是買的物件附近車水馬龍、有很多店面、很多商家、很多的人等；相對的，非都市計畫就是指「綠意盎然」、「鳥語花香」，恍若「世外桃源」。

但到底怎樣才能更清楚界定是否為都市計畫內呢？很簡單，你的大股東，也就是銀行會幫你把關，只要銀行不願意借你錢的，就代表該物件不符合標準。

房地產可以做到一定的保值

房價可能跌嗎？任何投資商品都可能下跌，股票、基金、黃金期貨都是如此，房價也不例外。

差別在於，當其他的投資項目可能跌無止盡，房地產卻永遠不會歸零。其他投資項目若以股票來說，最典型的案例為，曾經是股王的宏達電，後來股價一路從 1300 點崩跌，到 2021 年年中時，只剩下 30 元上下。股票既是如此，其他包含期貨選擇權等的漲跌差距可能更大，但在房地產領域絕不可能發生這樣的事。

讀者可以自問，有沒有可能一個城市，短時間內變成鬼城，人都搬光？除非世界末日或大型戰爭，否則不太可能。房子再怎麼跌，都一定有基本價值。

房價就算下跌，也不代表損失，
抱著「等」字訣就好

放眼各大投資項目，多數的投資如果碰到崩盤式大跌，可能就「火燒孤寮全無望」了，股票變成壁紙就是壁紙，不可能再變回有價資產。但房地產不同，

就算真的景氣很差很差，乃至房價大跌兩三成。那又如何？至少，房子還在，有居住價值。

只要世界還在運轉，都市計畫內的房子，房價最終還是會緩緩回來，證據到處都是；例如各位讀者如果早個二三十年前就買對都會區的房子，現在肯定都是大富翁。而房價也不可能跌回二三十年前的價位，相對來說，以時間的線性趨勢，未來房價就是會比現在高。

整體來說，房地產投資，就是進可攻，退可守。

低風險高報酬最佳選擇

但也許讀者對於房價還是有些疑慮，真的不會跌到很低很低嗎？

這樣吧，讓我們從房價組成成分來看，相較於其他投資商品，房子是有具體實物價值的，不像股票只是一張紙。

正統的房地產，其房價包含四個成本架構：

1. 土地

2. 人工

3. 建材

4. 建商利潤

當一棟漂漂亮亮的大樓呈現在你面前，代表著背後的建設公司老闆，要先有塊土地，然後招募許多專業人工，用建材花一段時間蓋出這美輪美奐的建物。

我們都常聽到商人做買賣，可以賺少一點錢，但絕不做蝕本生意。以房屋成本來看：

● 土地

房子要有土地，而土地哪裡來？台灣如今已經如此繁華，不太會有無主荒地。每個土地一定有地主，地主往往最難議價，很多地主持有一塊地，一持有就超過一二十年，他們根本不急著賣，若建商沒有出到他們想要的價格，寧可繼續放著也不願意出售。

● 人工

以台灣的情況來說，我們是處於大缺工的環境，蓋房子的工人是屬於「技術性勞工」，有些企業甚至是兩倍價在搶工。

● 建材

如前面說的，物價不斷漲，這也包括建材，舉凡水泥、鋼材、石材，價格只有年年上調，少有下降的。甚至連廢棄

物清理，費用也持續上漲，要清一卡車的廢棄物，至少需要一萬元。

綜合以上，蓋房子的每個要素，價格都在漲，以土地來說，基本上只要都市計畫內土地，每年公告現值都是調漲的，加上稅的部分，整體成本想要壓低很難。若以建商對每筆建案設定的標準是至少要獲利三成以上來看，房子的建築成本就是那麼高，房價站在這樣的成本結構上，自然也沒有什麼下跌空間。

當然，建商當初蓋房子，主要是選在都會區。就算有人質疑，未來不是少子化嗎？再怎麼少子化，並不影響每一代新人，他們都想自己擁有自家的新房子。更何況，在國際化的現代，可以承接房子的也不再只限定是本地人。

所以再怎麼算，房子就算跌，也跌幅有限。基本上，投資房地產，不只擁有基本保值力，從長期趨勢來看，也一定是緩慢成長的。

那麼回歸到本章最初的理想，我們都想為自己的人生寫出精采的故事，而這個故事的主人翁，也就是我們，能夠擁有足以圓夢的財富，帶給家人幸福快樂，也可以協助你應用這些財富，去幫助你想幫助的人。

想要翻轉人生，就讓我們一起來認識法拍屋投資。

法拍沒你想的
那麼難

LESSON 1

認識專業且正派的法拍達人

　　相信讀者不論本身是否曾投資房地產，大致上人人都聽過法拍屋。然而聽過歸聽過，實務上卻少有人投入這領域，就我所調查，在台灣了解法拍屋，並且常態以此為投資項目的，每十個人中不到一位。

　　提起法拍屋，一般人有太多的負面印象，以及很多的錯誤認知。

　　當然，我們也可以反向思考，既然大部分人都不了解法拍屋，也正代表著：這領域競爭者較少，正可以做為投資的優先選擇。

　　要做好法拍屋投資，很重要的一個關鍵，最好可以有專家協助。本書的作者，也就是我本人，正是不折不扣的法拍屋達人。因此，先來簡單認識一下我這個人吧！

負三代的小孩

從小時候起，我的志向就是賺大錢！這想法非常強烈，為何會如此呢？那是因為我實在很想掙脫原本窮困的環境，重新掌控自己的人生。

一般常聽到人家說「富二代」、「富三代」的，我的出生背景，正好相反，我出生在「負三代」。

我阿公阿嬤那一代非常的窮，窮到怎樣的地步呢？窮到連自家的小孩都養不起，必須把孩子送人，我的父親當年就是被分出去送給別人家養的孩子。別以為會收養小孩的就是有錢人，那年代會需要收養男孩，只有一個理由，就是種田人需要更多做勞務的人；具體來說，就是下田及打雜。所以我父親的原生家庭跟送養家庭，都是窮苦的勞動人家，我父親如此，無獨有偶的，我母親也是如此；她也是小時候被送養的，而且又身為女子，更不可能讓她受很高等的教育。

既然成長環境差，也不可能有財力可以上學唸書，所以我母親只念到國小。我父親雖然在校功課名列前茅，有實力可以上初中，但即便老師來家裡懇求讓他升學，卻仍被打了回票。因此父親完成國小學業後，也只能早早進入社會參與勞動。

後來我父親被家人派去當學徒，每天超時工作，也沒什麼假日，以現在標準來看，工廠早就違反勞基法了。結果辛

勞一個月下來，卻一毛錢都領不到，因為錢已經先一步被養母領走。直到年紀更大後，父親才獨自跑到台北闖蕩，因為也沒特別一技之長，嘗試過多樣工作，最後擔任計程車司機。在跑車的時候，有緣認識當時在工廠擔任女工的母親，就這樣兩個天涯苦命人，結為連理。

別人的婚姻是幸福的開始，我的父母結婚卻是負債的開始；因為太窮了，必須借貸才有錢結婚。所謂「貧賤夫妻百事哀」，我就是出生在這樣的家庭，生活十分困苦。也因為沒有好的身教，我從小就不愛讀書，可想而知，不愛讀書功課就不好，去學校也被人瞧不起，而且當時我還不像現在這樣壯，小時候營養不良很瘦小，這樣的我在校被霸凌，在家也不快樂。成長歷程讓我自然恨透了窮困，因此，我人生唯一的目標，就是要變成有錢人。

若非後來因緣際會，開始投入房地產，我可能真的要被「負三代」烙印一輩子。另外，小時候我也很嚮往有房子住，那是因為生在窮苦人家，還有一件經常會發生的事，就是搬家。我非常討厭搬家，不只是因為過程辛苦，更因為每次轉換環境我都得重新開始適應。前面說過身形弱小的我，在校會被霸凌，特別是新生。往往我正努力嘗試去和同學們攀交情，逐步打好關係時，忽然又要搬家，結果前功盡棄。轉學過後，我再次成為新生，再次面臨霸凌，真的很無奈。

長大後我有讀過《秘密》這本書，內容提到要向宇宙下訂單，心想事成的概念。我想，我從小就有非常強烈的「想

要賺錢」、「想要有房子」的心願，所以後來命運才引導我踏入房地產這行吧！

在台北打拼的日子

或許有人會質疑，所謂的專家，不是應該有高學歷文憑嗎？若不是海外歸國學人，至少也是某某碩博士吧！

其實我也是大學高材生。只不過這所大學，叫做社會大學。我從民國 92 年接觸法拍屋開始，至今我投入法拍屋工作也將近二十年了。

最早時候，沒學歷也沒什麼技術的我，是典型的打零工者。我做過很多工作，也包括去酒店當過少爺，反正都不是坐辦公室的輕鬆活，經常是被操得半死，但工資卻很微薄，屬於社會底層的勞工。

其中有一段為期很短，不到兩個月，但有辛酸深刻的親身經歷。那時年輕的我在一家幫浦公司服務，公司主力業務是幫浦買賣和維修。若碰到有幫浦出狀況時就要前往處理，好比說大樓底層不是都有污水處理（含化糞池）設備嗎？幫浦就安裝在那，當發生故障時，最可能的原因就是馬達燒掉，需要更換線圈。後續維修步驟首先要將幫浦從污水中運出來，那時需要有一個人穿著連身防水衣，由人孔蓋進入污水中扶

著幫浦，這樣才能把幫浦運上來維修。在那樣的艱辛時候，也更讓我感受到，這不是我想過的生活，我有強烈意志很想要賺錢，但這不是我想要的賺錢方式。

後來輾轉經歷過其他工作，最後總算存了一點點錢，可以貸款買計程車，那年代台北市捷運剛興建好沒多久，我是最早一批在南港昆陽捷運站排班的車隊司機之一。

當我開始接觸房地產時，我是一邊擔任夜班司機，一邊投入房地產業務的。

會接觸房地產，跟天災有關。民國 92 年，那時我賃居汐止，那年至少有兩個強烈颱風來襲，造成汐止大淹水。當時情況之嚴重至今依舊很難想像，水都淹到一二層樓高，出入只能搭救生艇，一般住戶都被困在家中，等救難人員送便當來度過這段淹水的日子。

淹水過後，汐止放眼一片淒慘、滿目瘡痍，有的公司因為損失慘重而宣告倒閉，一般住屋更是房價大跌。我還記得當年的行情，原本汐止大同路一帶，因為靠近火車站，附近生活機能也很方便，一坪要價19萬元。淹水後，一坪降到7～8 萬都沒有人要買，可見買氣的慘澹。至於法拍屋呢？更是每坪 5 萬就買得到，有時買屋也不用準備太多現金，只要願意承接原屋主的房貸就好。那年代，屋主賣屋不但賺不到錢，甚至還要拿錢去補貼差額才能成交。

但事實證明，房價不可能永遠跌。當年那些受災戶，因

為一坪慘跌到 7 ～ 8 萬而叫苦連天的，如果能夠再忍一下，之後的價錢就會不同；畢竟，房子只要不賣就沒有賺賠的問題。結果如同每位讀者知道的，到了現在，房價早就漲上來了。同樣位於汐止大同路的地段，以當地著名地標宏國大鎮社區為例，每坪至少 30 萬起跳。

這也驗證了房子的特性，只要肯等，總體趨勢是上漲的。而我就是那時候開始接觸房地產。

計程車運將轉型成為房地產投資達人

就在汐止淹大水那年，本來一直租屋的我，終於看到能夠低價買屋的機會。當然，我也不是純粹想要逢低買進，而是事先做了功課，了解政府已經規劃好要在汐止執行防洪計畫，也唯有在這樣的前提下，我能看到未來，也才決定在汐止買房。

那時抱著「先求有，再求好」的心態，不敢肖想購買台北市的房子，但汐止是我可以入手的。就這樣我不但擁有屬於自己名下的房子，也讓我開始想要對房地產投資有更深入的了解。

那時候我一邊開計程車，一邊有機會就主動去探詢及學習房地產知識，特別有興趣的就是法拍屋；當時就發現到，

法拍屋那麼便宜，卻竟然很少人投入這領域。

　　機緣巧合之下，恰好有一間代標公司正在徵人，我這個沒經驗的計程車司機，純粹抱著試試看的心態，主動詢問可以應徵嗎？那老闆很阿莎力，立刻說：「好啊！歡迎你，明天就來上班。」也不忘告知：「反正我們公司啊，一沒薪水，二沒津貼，三沒福利，總之什麼都沒有。業務賺的是抽成，你願意來就來吧！」

　　就這樣，我從零開始，參與了房地產業務，並且從一開始，就從最困難的法拍屋領域做起。

　　那間公司是典型的小公司，且聽說四位老闆個個都是「江湖大學」出身，好在中學時代我就讀的是建教合作班，班上本就是龍蛇雜處那種，同學多的是刺龍刺鳳的，我也早習慣了。因此我和四位老闆都相處挺好，也很善於做公關交際，第一天上班就獻上家中自己煮的水餃請老闆吃，也因此，四位老闆都覺得我很上道，每個人都願意把他們所學，對我傾囊相授。

　　由於自身有興趣，且有著強烈使命想賺錢，現在老闆又肯教我，我也願意站在第一線投入法拍屋實務打拼，於是在很短時間內，我做出了一番成績。後來，四個老闆其中一位，因為跟其他三位理念不合，嚷著不幹了要退股。我得知這情況後，小心翼翼的問，那可以讓我入股嗎？老闆再次阿莎力地說，好啊！就讓你入股。

其實公司資本額也才十萬元，因此我只要拿出兩萬五千元，就成為那家法拍操盤公司老闆之一了。

從那時候開始，我的重心逐步移轉到房地產實務，並且我算是逆向操作。一開頭就從最難的地方學起，當最難的都能入手了，其他舉凡房屋仲介、物業管理乃至於土地開發，自然也都難不倒我，人生際遇也開始倒吃甘蔗。

在這個行業我認真踏實的打拼，累積實務經驗，後來也開立自己的仲介店面，此時才把計程車轉讓，之後全職投入房地產事業；從法拍屋操盤到其他各式各樣的房地產業務，我都可以做到讓客戶保證滿意的服務。

特別是法拍業務，許多號稱房地產達人或投資老將的高手們，他們買過許多的物件，但當面對法拍屋領域，卻不敢輕易投入。相信放眼全台灣，很難找到像我這般，可以一條龍含括整個房地產全方位的專業服務。

我要鄭重強調，法拍屋投資有一定的專業，但卻絕非需要什麼超高難度門檻。就算是投資素人，只要有專業老師帶領，一樣可以藉由投資法拍屋，改變人生。

下一章，就正式帶領大家從基礎來認識法拍屋。

LESSON 2

人人都可以投資法拍屋

本書鼓勵讀者投資房地產，並且特別強調法拍屋，自然是因為商場上不變的賺錢大原則：亦即可以「買低賣高」。

任何行業及投資都一樣，例如貿易市場，任何人有本事取得低價貨源，並有通路可以再高價賣出，那就一定可以賺錢。例如股票市場，任何人有本事「看準」最低價時進場，然後逢高點出場，也肯定能賺錢。

道理人人都懂，重點是：那個關鍵技術，也就是「如何取得低價商品」以及「如何知道這是可以進場的時機」，卻難以真正掌控。

相對來說，法拍屋就不同了。明擺著告訴你「現在有低價商品在這裡喔！」既然如此，我們就要把握機會，投資法拍屋。

當然，法拍屋初始進入有些技術和心理門檻，這也是大部分人不敢投入這個領域的主因。

從看似最難的入手

從投資實務來看，人們學投資應該都是循序漸進。以房地產來說，最簡單的自然是一般小坪數的中古屋或預售屋買賣，然後是較高階的房屋理財，例如隔間收租或投資廠辦，再進階就是跟債權債務相關的資產，難度最高的就是法拍屋了；因為有很多需要專業技巧才能面對的狀況。

然而我卻是一開始就從法拍屋切入，也因為最難的關卡都已經熟悉，對於一般房地產交易自然是駕輕就熟。

一開始，我的專業就是代為操盤，也就是針對一些手上有很多資金的企業家們。他們因事業繁忙，一來沒空看屋，二來就算買到物件後也沒空處理後續事宜，於是就能委託像我這樣的專家，一條龍式的處理。

以法拍屋投資，所謂一條龍指的是：

- 首先透過專業平台搜尋法拍標的物件。

- 透過認真查詢，篩選到理想範圍物件。

- 針對這些物件做進階分析。

- 確認為理想物件後，就進入實戰法拍競標作業。

- 從得標到如何取得物件，包含行政流程以及後續點交作業，有許多環節的學問，會在本書後面一一分享。

- 當房子正式點交完成，後面流程就和一般房屋買賣差不多，

通常接下來的步驟就是將房子裝潢整修。

- 最後房子以亮麗的新貌對外出售，我們再秉持專業，找到好買主，讓本投資以高獲利結案。

許多時候，甚至那些委託我們代操盤的企業家們，從頭到尾根本都沒看過「自己的」房子，只負責接我們的電話，回答「願意」、「好，就這麼辦」等，最終只要確認自己戶頭有進帳就好。

當然，對本書讀者來說，我們就是要帶領讀者具體學會這些法拍屋投資的專業，將來不論是自己進場，或參與團隊共同投資的專案，都更能得心應手。

話說到此，讀者可能要問，都是房地產投資，那為何不直接承做比較「正常的」中古屋買賣，而要一腳淌入看似狀況較多的渾水呢？

香港首富李嘉誠曾問過一個問題：

如果一個事業，放眼身邊周遭，有 80% 的人都已經在做，那你還要做嗎？我們當然不做大家都在做的生意，因為那樣沒利潤。唯有少數人做的事業，投入了才有大商機。

法拍屋投資，就是典型的較少人投入，因此很有商機的投資項目。從看似最難的入手，最終就更容易讓我們變成有錢人。

法拍屋的基本認識

所謂「解決問題的能力,跟我們的收入成正比。」

法拍屋相對於中古屋買賣,的確有較多的「問題」。因此就傳統先入為主的觀念,若有人一時心血來潮,跟親朋好友說他想投入法拍屋,絕對會接收到很高比例來自親友的「善意關切」,他們會千方百計的阻止你「誤入歧途」。

我的學員們也經常會聽到熟悉的兩個字:「毋湯!」

但在人生打拼歷程裡,如果碰到什麼較困難的狀況,就聽從親友「毋湯」的建議,怎麼有可能有大的發展突破呢?

具體地問:法拍屋真的有那麼可怕嗎?不如讓我們先來認識什麼叫法拍屋吧!

法拍屋,顧名思義,就是經由法院拍賣的房子。法拍案件誕生的原因,通常是為了處理債權、債務問題。一般提起債務,有兩大類,一個是欠民間的錢,包含欠銀行、欠親友,甚至欠地下錢莊,都屬此類;另一個是欠國家的錢,最典型的就是欠稅或欠各類的罰單。通常,欠民間的錢,最終就是走上法院拍賣這條路;欠國家的錢,則是更麻煩許多,催討單位是法務部行政執行署。對讀者來說,重點就是得先了解,因為有債務未清,所以原屋主被迫走上法拍這條路。

簡單來說：法院為何拍賣房子？不管房子法拍的背後原因是什麼，法拍最終目的，就是「把房子換成錢」，好解決原本的債務紛爭。

　　常見的狀況有兩大類：一個是債務未處理，導致債權人申請查封產權；一個是所有權各共有人無法談妥分配，最後必須透過「變價分割」法拍來解決。在本書後面也會以實際案例，說明如何面對各種情況的原屋主。

　　實務上，很多被列入法拍屋的物件，其實一開始還是可以解決的，毋須走上法拍這條路，這部分在本書後面也會一一和讀者探討。

　　跟法拍屋相關的，還有一個名詞叫做「金拍屋」。雖然看似交易單位不同，但後續流程跟法拍屋差不多，其實就是法院將法拍工作外包。簡單說，就是法院事物太繁忙了，沒空處理法拍，因此委託其他民間公司執行法拍任務。

　　另外還有一個名詞「銀拍屋」，也就是由銀行端來拍賣的物件；因為債務人無力還款，最終房子被法拍，但因拍賣價格不佳，銀行乾脆自己承接，等市場情況較好時再拿出來拍賣。銀拍屋雖然名字中也有一個「拍」字，但情況已跟法拍屋形式不同，在此就不特別介紹。

認清人性，投資必勝

人們認為投資法拍屋比較複雜，是因為法拍屋已經不只是技術層面的問題，也包括如何處理法院行政流程、如何取得產權等問題，更包括「人性心理學」。就是因為牽扯到「人性」，所以法拍屋投資才需要更多的學習。

提起人性，我們都知道，世間最容易讓我們看清人性的關鍵，就是金錢。很多紛紛擾擾，不論是兄弟反目、夫妻失和、朋友背叛等，究其源頭幾乎都跟金錢有關。

所以想學會法拍屋投資，也一定要了解「人性與金錢」這門功課。

許多人為何在法拍屋取得時，面臨很多阻撓，往往就是因為沒有從人性面著眼。其實，站在被拍賣方立場想，每個房子會被法拍的人，背後一定都有一籮筐的辛酸血淚故事。那些故事跟我們沒有任何相干，但身為房子承接者，我們不妨做個善意的傾聽人。

在本書後面法拍實戰部分，也會來探討這部分，包括如何與原屋主溝通，以及如何讓法拍屋於標到後，流程進行得更順利。

總之，身為投資人，我們站在「了解投資物件背景」的心態，抓住「買低賣高」的原則，這就是致富的關鍵。

這裡也來分享，假設先不買法拍屋，只做一般房地產投資的情況下，只要懂得「人性」，也是可以買到低價物件。分享三個訣竅：

找關係

投資房地產，要取得致勝先機，有兩大關鍵，第一、資訊要取得快，第二，支援要來得快。這二者都跟培養良好人脈關係有關。

以資訊取得來說，以傳統中古屋買賣為例，若真的有條件很優的物件，像是屋主急於脫手，願意低價出讓這類的訊息，一定是長期處在第一線的仲介，可以最先知道消息。屆時「好康道相報」，一定只先傳達給「關係好」的人。

再以法拍屋為例，一開始可能跟債務有關，如果我們有機會跟銀行法務，或者跟民間借貸業者有關係，很可能早在屋子尚未淪為法拍前，就可以提前和屋主協商，以低價取得；換個角度來看，也等於是幫助原屋主。而以「支援」角度來看，參與法拍競標，要請銀行代墊保證金，如果過往從來沒有和銀行打交道，臨時想要找到肯協助的銀行就會有困難。因此長期來看，懂得建立友好關係，會有助於房地產投資。

展實力

經常在電影中，看到當大戶進來時，銀行高階主管會親自出來迎接，現實生活中，也經常有這類事情。好比當我們進建商樣品屋，打開皮箱，裡面滿滿的現金，然後要求與主管見面，你就會立刻被請進 VIP 室。

例如，很多建設公司在推案時，其實都有些「保留戶」可以用特價提供，這些物件可能就留給 VIP。

肯決斷

低價商機不是天天有，甚至也不是月月有，因此一旦出現，是不容猶豫的。好比說，我本身不只專精法拍屋，也承做很多一般中古屋買賣，就經常有以下這類狀況：深夜十一點，外頭還下著豪大雨，突然一通電話進來：「吳董，這裡有一個物件，屋主急缺錢，願意以低於市價八折出讓，你有興趣嗎？有興趣現在要來看屋。」

這時候我該怎麼做？當然立刻答應。就算原本已經穿好睡衣準備就寢，此時也需冒雨出門，並且還要趕快準備一筆現金帶在身上；因為很可能這一出門談判，不久後就可成交下幹。

像這種情況，如果還在說「我考慮看看」、「我要問問家人」或者要對方「準備更多情資再跟我報告」之類的，那

機會不會等待的。過了明天，也不需要考慮了，這個物件已經落入別人口袋裡。

以上三點，其實一般小資族比較難以具備，畢竟，所謂「小資」就是我們普羅大眾平凡人，沒「關係」、沒「實力」，也不太會接到仲介優先通知電話。

所以，投資法拍屋還是最佳選項。法拍屋，就是一個已經被公告的低價商品，等著人們認領。

關於法拍屋，大部分人不敢投入，這是深植心中基於種種的「擔心」。下一章，就來分享有關這些人們會「擔心」的法拍狀況。

法拍屋其實沒那麼可怕

法拍屋，為何對許多人來說總有那麼多的負面印象？

大家多多少少都會聽到關於法拍屋紛爭很多、有奧客、有法拍蟑螂，還有很多牽涉到法院，甚至聽起來最好「能不碰就不碰」的麻煩事。

提起法拍屋，我有個很好的形容比喻，那就是虎河豚。大家都知道，在日本有一道頂級美食，那就是以虎河豚做料理的生魚片，這道美食，真正是讓人「既期待又害怕受傷害」，原因在於其含有劇毒。然而，只要是經由取得證照的專業河豚料理師料理，客人就可以食用美食。

重點就在於「專業」以及「謹慎」，只要做到這兩點，當事人享受美食，烹調者可以享受財富。

同理，法拍屋投資看起來有其令人不敢接觸的層面，可能有人對這領域感到害怕。但只要有專業達人引導，掌握著「專業」和「謹慎」兩大原則，一個典型的法拍屋投資，絕對有相當的投報獲利。

讀者可以想想，同樣的物件，一開始就以比市價低一兩成的價格推出，光這個流程，得標者可能就可以現賺一兩百

萬了。如果將來適度處理，例如搭配裝潢規劃，後來甚至高於市價行情出售，那投報率更大。但也如同虎河豚，這麼美味的事物，背後會有一些「狀況」要排除。

那麼，究竟是怎樣的狀況需要排除？以下內容簡單彙整相關情形。

一般法拍會擔心的問題

以下簡單列出一般投資人曾聽聞可能和法拍相關的負面印象，在本書後面的實務介紹也會做更多說明。

產權不清楚

產權問題，的確是讓許多人望之生畏，對嫌麻煩的人來說，的確不喜歡在房子得標後，還得擔心這擔心那的。但所謂「麻煩越多的地方，也是商機越大的地方」。

關於產權不清楚，還分成各式各樣的情況，這裡我們只先討論一些類別，後續章節再來深入分析。

● 有建物所有權，沒土地所有權

有的人標到房子後，赫然發現，本以為便宜標到房子，得標後才知道，他並沒有取得土地所有權。但這絕非法院的

錯，正常的法院文件，絕對有提供相關資訊。只是一般人看不懂公告，就一味責備賣方。關於如何看懂相關文件，以及各類相關實例，本書後面會詳細介紹。

- 產權沒看清楚的問題

這也是未做足功課的投標人，不時會碰到的狀況。好比說，我們看到法院公告本物件建坪有一百坪，但一百坪包含什麼卻沒去真正了解。若這一百坪大部分都是車位，而非建物室內空間，那價格影響是不是很大？

基本上，要投標前，絕對要先去查清楚本標的物件的拍賣範圍，以及現階段的狀況。這部分先了解了，再來關心後續屋況以及環境等問題。

本書也會提供各類前人曾發生的法拍狀況，讓讀者做為借鑑。

看不到屋況

法拍屋讓多數人卻步的一大原因，就是看不到屋況。畢竟，人們買東西都愛東挑西選的，偏偏大部分時候，法拍屋原本就因為債權問題，原屋主不會讓人進去看屋。買屋需要支付動輒百萬的資金，卻又無法真正知道屋況，所以很多人不敢踏入法拍這個領域，這也是人之常情。

關於這部分，我也要簡單說明。所謂屋況，假定我們想像最糟的情況好了：屋子裡頭一片髒亂，甚至所有家具都被

毀損、馬桶堵塞、牆壁還有滲漏水等。即便如此，再怎樣麻煩的屋況，依照經驗法則，整個處理下來應該也不需要一百萬，更何況實務上，很少真的屋況這麼糟的。當我們以最糟的情況來想像，只要將投標價加這一百萬成本，總價還是比市價低很多，那就值得投資。

總之，做房地產投資時，環境、價格及屋況這三點都很重要，但若無法面面俱到，那屋況絕對列為最後考量。當屋況 VS 整體環境，後者是壓倒性的重要，屋況本身，基本上只有非不可改善狀況（包含凶宅以及整體結構有問題，像是危樓或海砂屋等）之外，其他都有辦法解決。

關於原屋主的問題

這也是多數人一提起法拍屋就直接聯想到的問題，在想像的畫面中，房子被法拍的人，個個變成凶神惡煞，一臉「你想買我房子，我絕不讓你好過」的狠勁。另外，還有「傳說中」會在屋內搞破壞，以及佔用不搬走，所謂的「海蟑螂」等，聽起來都是不好惹的。

然而，以上情節，部分對，但大部分不是如此，凡事要看比例原則；例如，曾經有人在捷運車廂鬧事，因此就可以貼標籤說「坐捷運都很危險」嗎？當然不是。同樣的，在法拍屋交易也是如此，在眾多案例中，自然有些情況比較不佳的，但大多數的案例，其實都是可以掌控。在本書稍後也會針對各類點交情況做分析。

具備正確觀念，法拍不怕難

具體的法拍操作實務，後面再來一一詳述。本章僅分享正確的觀念。

法拍屋如同任何投資，不是盲目投入就以為穩賺的，凡事還是要做功課。但總體來說，比起其他各類投資品項，法拍屋其實是安全性夠，獲利性也很高的。

這裡也提供，法拍必勝三個三字訣：

1. 查清楚
2. 算精明
3. 喬順利

查清楚

不只法拍屋如此，任何房地產投資都是如此。但法拍屋因為本身資訊較難取得，更需要事先花點功夫了解。

要查什麼呢？簡單講，就是：過去、現在、未來。

1. 過去

過去這裡曾經如何？（不太可能是凶宅，因為凶宅資訊會被揭露，但有可能是類凶宅）過去的狀況僅供參考。例如若有人說這裡以前是亂葬崗，所以房子就不能買嗎？也未必。好比台灣地標 101 大樓信義計畫區附近，從前就是墓仔埔。

2. 現在

這是查詢重點，這大樓管理好不好？周邊有什麼嫌惡設施嗎？還有這附近具體的行情是多少？實價登錄資訊要查，也要去問里長及在地住戶相關情資。

3. 未來

如果去查資料，發現這附近明後年預計要蓋一個Shopping Mall，或有哪個重大建設及都市計畫等要啟動，那自然是大大的利多消息。

算精明

有時候會碰到「賣牛奶的女孩」式的故事情節。大家都聽過賣牛奶的女孩吧！

有個鄉下女孩，頭頂著牛奶罐要去市集賣，一路幻想著，牛奶賣出去可換雞蛋，雞蛋生小雞再變大雞，把雞拿去賣就可以買美美的衣服，有了美美衣服就可參加舞會，參加舞會就可以嫁給有錢的帥哥，未來過著幸福快樂日子。結果這女孩子光顧著做白日夢，路上一不小心被石頭絆倒，牛奶瓶摔碎了，所有的夢想瞬間化為烏有。

我們標法拍屋，其實也是只有「標到」才是真的。前面不管做多少功課，做多少幻想，以為我用五百萬買到，到時候七百萬賣出，淨賺兩百萬云云。想一大堆，最後根本沒標到，一切都白搭。

標法拍屋，大家都想用最低價標到，但實務上，你真的用很低價，可能永遠不會拿到標。如何取捨平衡，這也需要專業判斷。以我們豐富的法拍經歷來說，會有基本的判斷依據，結合實價登錄以及判斷現場競標者背景，才能做決斷寫下競標金額。

喬順利

比起一般中古屋買賣，法拍屋特別重視「喬」的功夫。

這也是多數讀者想要了解認識的一個專業 know-how，實務上，則還是有賴於經驗的累積。

每個案件有各自不同的考量，但對讀者來說，這裡要分享的基本觀念，就是參與法拍屋要掌握好自己的 EQ。交屋的過程可能很繁瑣，也可能遇到不同人倒給你的種種情緒，該如何面面俱到，既不得罪人，又能談到事情核心，也就是所謂「軟中帶硬，但硬中也要帶軟」。

建議讀者，只要願意多參與，先從最簡單「可點交」物件做起，累積豐厚經歷後，未來各類疑難雜症都可以解決。

只要觀念正確，當大部分人視法拍為畏途，正就是我們可以取得商機的時候。比起股票、期貨等諸多金融商品，法拍屋其實有很多資訊可以參考，但對新手投資人來說，重點有兩個：

- 第一、即便有公開資訊，重點是「看不看得懂？」
- 第二、比起一般中古屋交易，法拍屋交易中間少了仲介這個環節，為了避免因為誤判帶來的損失，在投標前更要審慎精明。

萬事起頭難，做了就不難。緊接著讓我們先從認識建物及土地謄本開始。

認識建物及土地謄本

LESSON 4

看懂建物與土地謄本（1）
標示部

　　當我們有意參與一個物件的法拍時，得先了解三個很重要的基本資訊：

1. 法院的公告。

2. 房子本身的基本資料，也就是謄本。

3. 再進階的，還會搭配專業的法拍情資網站資訊，或其他網路上可以找到的和本物件相關的介紹。

　　不論是法院的公告或者謄本資料，內容雖然都是白話文，但卻又包含很多一般人不容易看懂的術語或較拗口的陳述。因此，學習投資要先學習看懂這些公告及文件，特別是看懂謄本。

　　什麼是謄本？讓我們直接看以下兩張圖。

圖 4-1　建物謄本範例

圖 4-2　土地謄本範例

　　所謂謄本，簡單說就是房屋與土地的「身分證」。建物謄本就是建物的身分證，土地謄本就是土地的身分證。

　　如圖 4-1、4-2 謄本範例，可以看到謄本裡的資料，建物、土地主要各分成三大部分：

建物方面：1. 建物標示部 2. 建物所有權部 3. 建物他項權利部

土地方面：1. 土地標示部 2. 土地所有權部 3. 土地他項權利部

　　以下我們可以將兩份謄本對照看將更為清楚。

建物謄本 建物標示部

```
建物登記第一類謄本（所有權個人全部）
松山區寶清段一小段00032-000 建號
列印時間：民國108年01月24日10時52分                     頁次：000001
松山地政事務所 主任：高麗香              本案係依照分層負責規定授權承辦人員核發
松山謄字第002452號                              列印人員：彭蘭香
資料管轄機關：臺北市松山地政事務所           謄本核發機關：臺北市松山地政事務所
************            建物標示部           ****************
登記日期：民國091年04月22日              登記原因：門牌整編
建物門牌：南京東路五段389巷11弄20號四樓
建物坐落：寶清段一小段0186-0000
主要用途：住家用
主要建材：鋼筋混凝土造
層數：004層                              總 面 積：****121.33平方公尺
層次：四層                              層次面積：****118.32平方公尺
   陽台                                      ******3.01平方公尺
建築完成日期：(空白)
其他登記事項：(空白)
```

圖 4-3　建物標示部示意圖

● 登記日期和登記原因

　　如同每個新生兒誕生後，60 天內會去辦理出生登記，建物的誕生，也會在申辦建物第一次測量後，去辦理第一次登記。但通常我們看到的建物謄本，其上面的登記日期不會是第一次登記日期，因為中間通常都已經過重新登記。以本案例來說，登記日期 91 年 4 月 22 日，是因為門牌整編所以建物重新登記。

● 建物門牌及建物坐落

　　建物門牌是我們買賣查詢的基本依據，如果我們要參與法拍，一定要確認我們想投標的物件地點就是這裡。過往也曾發生，有人從一開始根本就調錯資料，謄本上的資訊跟實際想投標的物件不是同一間，後續看屋買屋也是一場烏龍。

　　以本案例來說，謄本有清楚標示是位在南京東路五段

389 巷 11 弄 20 號四樓的物件。

此外，本物件坐落寶清段一小段 0186-0000，這個資訊的重點在於不同地段及不同地號，有可能市價不同。例如同樣是台北市南港區，可能兩條相鄰很近的道路，其上的物件因坐落不同地號，價格就有一段差距。

● 主要用途

房屋的使用，大致可分為住家用、工業用、商業用以及其他類別。了解房子本身的用途，攸關未來貸款的可貸成數。

本案例的用途是住家用。

● 主要建材

建材的使用，攸關房屋價值也攸關貸款。現代化的房子，主要建材都是鋼筋混凝土，簡稱 RC。其他常見的還有 SRC，也就是鋼骨混凝土結構。有時候法拍屋標售的物件，年代比較久遠，建材可能還會有磚造；例如即使是靠近大都會很近的大台北淡水區，就還看得到很多加強磚造房屋。

本案例的主要建材是鋼筋混凝土造。

● 層數與層次

在謄本裡，層數指的是物件所在的房屋總樓高，也就是共有幾層，層次才是指標的物件所在樓層。

以案例來說，層數是 004 層，層次是四層。那就是指這個物件，位在總樓高四層樓房屋的第四層。

在建物標示部，也會揭露該四層樓的登記總面積，以及該層（第四層）的層次面積，此外也註記了陽台的面積。

● 建物完成日期

房屋的價值跟屋齡有一定關聯，從謄本中的「建物完成日期」，可以看出屋齡。但經常我們看到上面顯示的資料，如同本案所示，上面標註著（空白），基本上代表的是本建物屋齡已經超過 35 年。因為在古早年代，那時候電腦還不發達，所以沒有被電腦建檔，後來也就沒有這方面的揭露資料。

小知識 BOX

如何推算屋齡？

以本案例來說，雖然建築完成日期空白，但我們依然有辦法來推算屋齡。方式可以透過查土地謄本。我們可以先查閱下一章節圖 4-4 土地登記謄本的土地標示部，從【登記日期】欄位，能看到登記日期是民國 066 年 10 月 08 日，這日期代表的意義，就是指當初「土地丈量」的日期；那是因為建設公司準備要蓋房子了，會做「地籍圖重測」，丈量土地範圍作登記，並且註記在土地謄本。

有了這個日期，依照合理推斷，一般蓋房子的時間大約

一到兩年，估算下來，建物大約是 66＋2=68，也就是大約民國 68 年完工。以此為屋齡計算依據，以現在年份（110）為基準，，110-68=42（年），這就是推估的屋齡。

土地謄本　土地標示部

土地登記第一類謄本（所有權個人全部）
松山區寶清段一小段 0186-0000 地號

列印時間:民國 108 年 01 月 24 日 10 時 52 分　　　　　　　頁次:000001
松山地政事務所　　主任:高麗香　　本案係依照分層負責規定授權承辦人員核發
松山謄字第 002452 號　　　　　　　　　　　　　　列印人員：彭蘭香
資料管轄機關：臺北市松山地政事務所　　　謄本核發機關:臺北市松山地政事務所
＊＊＊＊＊＊＊＊＊＊＊＊＊＊＊＊＊＊　土地標示部　＊＊＊＊＊＊＊＊＊＊＊＊＊＊＊＊＊

登記日期:民國 066 年 10 月 08 日　　　　　　　登記原因:地籍圖重測
面　積:****148.00 平方公尺
使用分區:（空白）　　　　　　　　　　使用地類別:（空白）
民國 108 年 01 月 公告土地現值:**325,486 元/平方公尺
地上建物建號:共 4 棟
其他登記事項:重測前：舊里族段３２２－１２地號
本謄本末申請列印地上建物建號,詳細地上建物建號以登記機關登記為主

圖 4-4　土地標示部示意圖

● 登記日期及登記原因

　　亦即本土地在什麼時間以何種登記原因辦理登記。

　　以本案例來看，圖 4-3 所示建物登記日期和圖 4-4 所示土地日期明顯不同，那是因為在首次登記後，各自因不同原因有了重新登記。本案建物登記原因是門牌整編，土地登記原因則是地籍圖重測。

　　地籍圖重測是最常見的土地登記原因，因為最早時候的

地籍圖，可能是在日治時期依照原始圖稿製作，經歷相當一段歲月，圖紙可能已經破損模糊不清，藉由地籍圖重測，才能保障人民合法產權。

本案例則是在民國 66 年 10 月 8 日做過地籍圖重測。

● 面積公告現值

藉由地籍圖重測，可以算出該土地的面積。有了面積，就可以據以結合土地公告現值，計算土地的價值。

以本案例來說，面積是 148 平方公尺。謄本上也列出 108 年 1 月的公告現值是 325,486/ 平方公尺，將這兩個數字相乘，就可以計算 108 年的土地價值。

小知識 BOX

如何感受地價增值？

當我們手中有了土地地號，也可以隨時上網查訊目前公告現值。

每年 1 月 1 日，政府都會更新一次土地公告現值，假設查出來今年的公告現值是 325,000 元，而我們在法拍公告上看到前一年的公告現值是 322,000 元，將兩個金額比較，就可以看到地價在上漲。

一般來說，台灣大部分地區土地都是呈現逐年增值的趨勢，但若是山坡地或偏遠地區土地，可能增值幅度有限，甚至停滯不動。

當我們判讀謄本時,就跟我們參與法拍交易時所看的文件般,其上使用的面積主要是平方公尺為單位,但在台灣民間長期以來習慣用坪數來做面積單位,因此我們通常會再將平方公尺換算為坪。

計算公式為:平方公尺 x0.3025= 坪

● 使用分區

　　土地使用分區係指政府當初在都市規劃作業時,對於每一塊土地所賦予的任務。一般我們熟悉的有商業區、工業區、住宅區,此外還有河川區、農業區、風景區等,每一種分區又分成不同等級;例如住宅區又分成住一、住二、住三、住四,每一種分區的容積率和建蔽率都不一樣。

　　以本案例來說,土地謄本上的使用分區是空白,但透過上網依地號查詢,就可以查出這塊土地是屬於哪種分區。

● 地上建物建號,及其他登記事項

　　以本案例來說,地上建物建號共四棟,這並不是說這塊土地上有四棟房子,而是指有個四層樓公寓。這樣的寫法,主要是從前比較地廣人稀,當時房子都是獨棟的,可能一塊土地上有四間土角厝,但在現代都是樓房形式。

　　在其他登記事項則可以看到,謄本顯示的是重測前的土地地號。現在正式的地號還需去查詢,因為土地地號是可能

被變更的；例如土地重劃時，土地用途就可能變更，原本屬於工業區後來畫歸為住宅區等。只要依照地號，就可以查詢該地號的相關資訊，進而了解該土地的地價行情。

整體來看，建物標示部和土地標示部，都是昭示基本資料，例如土地標示部可以看出該土地有多大，以及地段地號等。我們看物件時，一定要將建物謄本和土地謄本倆倆比對，作為後續投資規劃參考依據。

看懂建物與土地謄本（2）
所有權部

　　當我們比對同一物件的建物謄本和土地謄本時，可以發現二者的標示部內容不一樣。但土地所有權部和土地他項權利部，其大部分註記的內容，和建物所有權部以及建物他項權利部一樣，以本案例（圖 4-1、4-2）來看即為如此。因此在本章，我們就以建物所有權部為例進行說明。

建物所有權部

其他登記事項：(空白)
******************** 建物所有權部 ********************
（0001）登記次序:0004
登記日期:民國 107 年 10 月 09 日　　　　　　登記原因:拍賣
原因發生日期：民國：107 年 09 月 26 日
　所有權人:劉
　統一編號:A1　　　　　　　　　　　　　　　出生日期:民國 081 年　　月　　月
　住　　址:新北市永和區
權利範圍:全部*********1 分之 1*********　　　權狀字號:107 北松字第 012095 號
相關他項權利登記次序:0011-000
其他登記事項：(限制登記事項) 108 年 1 月 2 3 日松山字第 0 0 4 1 5 0 號，預告登記
　　　　　　請求權人:吳鴻暉、洪　　、吳　　、曾　　、，內容：關於土地權利移轉
　　　　　　或使其消滅之請求權，義務人:劉　　，限制範圍：全部，1 0 8 年 1 月 2 4
　　　　　　日登記
　　　　　　預告登記請求權人:吳鴻暉統一號 G 1　　　　　　、洪　　統一編
　　　　　　號 A 2　　　　、吳　統一編號 Q 2　　　　　　、曾　　統一編號 S 2
　　　　　　******************** 建物他項權利部 ********************

圖 5-1　建物所有權部示意圖

● 登記原因

　　一般建物所有權登記原因，主要有過戶、買賣、繼承以及法拍等。由於本書主要在介紹法拍流程，故本案是以法拍方式取得為例，其登記原因就是法拍。

　　以法拍形式取得的物件，跟一般房屋買賣交易方式取得的物件，其在謄本所有權部相關日期顯示的結果會有不同。

小知識 BOX

登記原因對後續買賣的影響

以投資角度來說，許多人透過法拍取得物件，將來會希望以較好的價格售出。這部分牽涉到買賣心理學，未來的買方如果透過謄本知悉該物件是拍賣取得，可能先入為主認定這個房子當初賣方取得價格較低，因此在交易時會偏向大幅砍價。

相對來說，若謄本建物所有權部登記原因是買賣，就比較不會有這個問題，也因此有的法拍投資人，選擇在法拍物件取得後，會有再過一手的程序；例如某甲某乙兩人共同投資法拍屋，得標後，產權共同持有，接著某甲再買回某乙手上的產權。那麼，這時候建物謄本所有權部上的登記原因，就由「拍賣」變成「買賣」。

- 登記日期及原因發生日期

在本案例上，我們看到登記日期是在 107 年 10 月 9 日，但發生日期卻是 107 年 9 月 26 日。為何這兩個日期不同？

讓我們先來比照一般房屋交易跟法拍屋拍賣交易的差別。

1. 以一般房屋交易來說

在仲介撮合下，買賣雙方同意價格條件，通常就在當天簽約。

簽約日＝成交日＝謄本上建物所有權部的原因發生日期。

之後房子產權移轉，要經由代書跑行政流程。

最終登記完成所有權移交日＝謄本上建物所有權部的登記日期。

2. 以法拍屋拍賣交易來說

有以下幾個跟一般房屋交易截然不同的步驟：

a. 房屋經由法拍，由得標者勝出，有權取得該物件的日期為法拍得標日

b. 從得標到正式取得權利移轉證書期間，行政流程包括有繳納標金尾款以及其他行政作業，會需要一段時間，一般是 14 天～一個月。

正式取得權利移轉書那天＝謄本上建物所有權部的原因發生日期。

c. 得標者拿到「權利移轉證書」後，委請代書去辦理登記，該登記代表過戶完成。

過戶完成＝謄本上建物所有權部的登記日期。

因此對比來看可知：

法拍屋的取得權利移轉證書日期，等同一般中古屋交易的「簽約日期」，亦即謄本上的原因發生日期（原因一個是法拍取得，一個是交易買賣取得）。

法拍屋交易和一般房屋交易買賣，一樣在最終完成產權登記後，在謄本所有權部上註記登記日期，差別在於法拍屋交易的登記流程會間隔比較久。

以本案例來而言： 9/12 法拍屋得標日

9/18 得標人繳完尾款

9/26 法院正式發出公文寄出權利移轉證書

該公文寄出日期，即為謄本上所註明的「原因發生日期」

10/9 正式完成產權登記，將該物件登記在得標人名下，即為謄本上所註明的「登記日期」

● 所有權人資料

如同圖 5-1，我們在所有權部上可以看到「所有權人」資訊，包含姓名、出生日期以及住址，這部分屬於基本資訊，依照謄本等級會有不同揭露方式。

謄本分為三類：

第一類謄本：個人全部登記及地價資料都會顯示，唯有登記名義人或其他依法令得申請者可以提出申請。

第二類謄本：隱匿登記名義人之出生日期、部分姓名、部分統一編號、債務人及債務額比例、設定義務人及其他依法令規定需隱匿之資料任何人可以申請。

第三類謄本：隱匿登記名義人之統一編號、出生日期之資料由登記名義人或利害關係人申請之。

● 權利範圍

　　以本案為例，權利範圍註明為「全部，1分之1」意即所有權人擁有本謄本所列物件的全部產權。

　　既然有的權利範圍是「1分之1」，那就代表有其他種權利範圍；例如也有可能是2分之1，3分之1等，意思分別是指取得二分之一產權、三分之一產權。實際案例：有兄弟三人因遺產繼承共同擁有一間房屋，後來大哥因個人理財失敗，負債導致其所屬房產被查封法拍。那麼該法拍只會是該房屋的三分之一產權，將來法拍得標者的「建物所有權部」所標註的權利範圍，就會是3分之1。

● 其他登記事項

這裡我們要特別說明的是「限制登記事項」裡的「預告登記」。

主要針對像是合作投資法拍屋的情況；例如以本案例來說，建物所有權人是劉（先生／小姐），但在其他登記事項，有包含吳先生等四位（先生／小姐）為請求權人，那就表示該物件是由劉（先生／小姐）及其他四位（先生／小姐）共同投資，也就是說，將來劉（先生／小姐）無法自作主張出售本物件，必須經過吳先生等四位（先生／小姐）共同同意才能執行。

在其他登記事項，也註明限制範圍是全部，就是整個建物所有權的處置都必須大家同意。

藉由預告登記，可以保障共同投資人，限制所有權人不准自己買賣或貸款，這就是一道保護所有投資人的防火牆。

土地所有權部及產權價值

以上雖以建物謄本的建物所有權部為主力說明，但大部分內容，建物所有權部和土地所有權部是重疊的。主要差別在權利範圍部分。

```
****************    土地所有權部    ****************
(0001)登記次序:0013
登記日期:民國 107 年 10 月 09 日                  登記原因:拍賣
原因發生日期:民國 107 年 09 月 26 日
  所有權人:劉
  統一編號:A1                                   出生日期:民國 081 年    月    月
  住    址:新北市永和區
權利範圍:********* 4 分之 1 *********           權狀字號:107 北松字第 020993 號
當期申報地價:107 年 01 月    *** 71,131.2 元/平方公尺
前次移轉現值或原規定地價
      107 年 09 月    ** 322,054.0 元/平方公尺
歷次取得權利範圍:********* 4 分之 1 *********
相關他項權利登記次序:0022-000
其他登記事項:(限制登記事項)１０８年１月２３日松山字第００４１５０號,預告登記
    請求權人:吳鴻暉、洪    、吳    、曾    ,內容:關於土地權利移轉
    或使其消滅之請求權,義務人:劉    ,限制範圍:4 分之 1,１０８年１月
    ２４日登記
    預告登記請求權人:吳鴻暉統一號Ｇ１          、洪    統一編
    號Ａ２        、吳  統一編號Ｑ２          、曾
    統一編號Ｓ２
****************    土地他項權利部    ****************
```

圖 5-2　土地所有權部示意圖

如圖所示，權利範圍顯示的是 4 分之 1，這裡代表的是只取得四分之一產權，其實這在現代是很普遍的狀況。以本例來說，因為在這土地上蓋的是一間四層樓的建物，得標人取得的是其中一個樓層，因此只擁有 4 分之 1 的土地所有權，非常合理。

● 產權價值

從建物及土地謄本，可以看到所有權人所擁有的權利，包含建物產權以及土地產權。實務上，我們一般所說的房地產價格，也正就是包含以上兩種權利加總的價格。

雖然在房地產交易買賣上，我們都以整體房地產通稱，但實際上，建物價格和土地價格是要再細分的。許多人以為所謂房價上漲，漲的是建物部分，但真實的情況，建物本身會折舊貶值，相對來說，土地則是逐年上漲。所以在有些地區，整體房地產價格上漲以倍數論，但漲的主要是因該區經濟發展帶來的「土地增值」。

引申來說：

1. 在參與法拍競標時，若要加價，應該把價格加在土地部分。

2. 如果投資房子，買到的物件只有建物所有權不含土地所有權，那這樣的物件價值偏低，有可能連銀行都不願意貸款。

最後當我們介紹謄本「建物所有權部」時，可以看到其上有「登記日期」，但在「建物標示部」也有「登記日期」。這怎麼區別呢？

以下用表格簡單說明：

建物標示部 登記日期	是指物件「本身」最新的謄本登記日期。 例如登記日期 91 年 04 月 22 日，代表的是在這一天謄本做了最新更新。登記原因是「門牌整編」。
建物所有權部 登記日期	指的是跟建物「所有權」相關最新的謄本登記日期。 例如登記日期 107 年 10 月 09 號，登記原因是拍賣，就是指藉由拍賣讓「建物所有權」在謄本登記紀錄上有了新的移轉。

看懂建物與土地謄本（3）他項權利部以及債權分配說明

　　我們看謄本的他項權利部，最主要審閱的重點，就是這個房子除了屋主外，還有沒有其他的債權。

　　以圖 4-1 和 4-2 為例，上面雖然看似密密麻麻放了很多資訊，其實主要都是關於諸如抵押權、債權、清償利息等金融相關資訊。具體來說，當我們以法拍投資人角度去檢視謄本時，關心的重點就是原屋主跟誰貸款？借了多少錢？這類的訊息。

從他項權利部看債權分配

　　為了說明方便，以下舉一個實際案例，跟讀者說明債權分配。

土地	1. 新北市三重區嵐華段566地號，3049 ㎡，持分 365 / 10000【2100 萬】（公現：96300 元，未公告地目?108年公現）
建物	1. 新北市三重區仁華街118巷66號，建號 3650，R.C 1F:60.67 ㎡，2F:55.59 ㎡，3F:55.08 ㎡，4F:55.08 ㎡，屋頂突出物:6.45 ㎡，第二層夾層:22.73 ㎡，陽台:10.42 ㎡，雨遮:11.09 ㎡，持分全，合計：277.11 ㎡【650 萬】（共有部分:嵐華段3659建號）
流標記錄	1拍. 108/4/9【3400 萬】，保証金 680 萬，坪價 37 萬，流標 2拍. 108/5/14【2750 萬】，保証金 550 萬，坪價 29.92 萬，停拍（拍賣條件恐變更）
他項權利	（拍定後全部塗銷） 1 順位. 台＊＊行【2400 萬】，設定日98/6/15 2 順位. 台＊＊行【840 萬】，設定日102/9/5 3 順位. 周＊＊【1300 萬】，設定日107/1/29
謄本資料	【查封人：台＊＊銀】【查封日：107/4/26】【前次移轉日：96/3/30】【完工日：95/12/26】【主要用途：其它】【屋況：租除/確定後點交】
法院筆錄	【拍賣原因：給付簽帳卡消費款】 1. (108.5.17司法院公告更正：)民國107年6月14日查封時，在場人葉O禎稱，此建物係其與陳O欣訂立租賃契約，租期自107年6月1日至108年5月31日為期一年，每月給付租金新台幣5萬元，一樓為停車場，可停兩部車(平面車位)，二樓為客廳廚房，三樓無人使用，四樓為其與配偶使用，五樓為通舖。108年3月7日陳O欣提出租賃契約表示，其與債務人,?於107年3月20日簽訂租賃契約並公證，租期107年3月20日起至114年3月19日止，租金每月1萬5000元。108年3月8日承租人具狀表示，不動產因樓漏水，請應買人自行查明注意。 2. 上開租賃關係業經除去，俟除去租賃關係確定，拍定後方能點交。若因除去上開租賃關係為上級審廢棄而確定應不點交，則在核發權利移轉證書前，得以拍賣條件變更為由撤銷拍定；核發權利移轉證書後，應由拍定人另尋相關法律程序解決。拍定人、債務人,?、債權人,?均不得異議，請應買人特別注意。 3. 本件標的物原所有權人或使用人如有積欠工程受益費及水電、瓦斯或管理費等費用，應由拍定人自

圖 6-1 三重物件他項權利部範例

債權設定

在介紹債權分配觀念前，先讓我們了解一下基本的銀行貸款作法。

以銀行貸款來說，一般人們辦理房貸，假定沒有個人信用評等相關問題的話，銀行的核貸金額，通常是房價的八到八五成。這裡我們以銀行核貸八成為例，

假設銀行願意核貸 2,400 萬，那以此回推，則房子市價大約是 2,400 （萬）/0.8=3,000（萬）。

為何抵押設定金額不等於實際貸款金額呢？

那是因為，銀行是個很保守的機構，為保障自己的債權，會預先把各種風險成本納入考量。以房貸來說，可能的風險包括客戶遲繳、不繳、違約、解約等狀況，每種狀況都會帶給銀行或多或少的資金和人力成本損失；因此，實務上銀行在計算時要把這些成本列入。

　　也就是說，就算當初貸款是 2,400 萬，但若房子進入法拍，那銀行取得的債權是 3,000 萬。本物件的第二順位債權人，必須等第一順位的債權人取得這筆債務（也就是將 3,000 萬，扣除原屋主已經還清的本金），才能進入第二順位清償階段。

債權分配

以本案例來看，共有三個債權人，我們依序來分析：

1. 第一順位債權人台 X 銀行

　　核貸 2,400 萬

　　以八成來回推 2,400（萬）/0.8=3,000（萬），這是我們推算當時該用來做貸款抵押房屋的市場行情。

2. 第二順位債權人台 X 銀行

　　核貸 840 萬

　　第二順位的計算方式：

　　房子剩餘價值為房子原來市場行情 3,000（萬），減掉第一順位貸款金額 2,400（萬），即 3,000（萬）-2,400（萬）=600（萬）。

在未考量房子增值的前提下，房子剩餘價值可貸款的金額為 600 萬的八成，約為 480 萬，但我們看到第二順位銀行最終核貸 840 萬，因此回推房屋剩餘價值為 840（萬）/0.8=1,050（萬）。

也就是說從 98 年到 102 年間該物件有增值，第二順位銀行評估當時的價值是 1,050（萬）+2,400（萬）=3,450（萬）。

3. 第三順位債權人民間借貸同樣我們用額度來計算，3,450（萬）-2,400（萬）-840（萬）=210（萬）

所以以餘額來計算，若將房屋殘值用盡，還可以再借貸 210 萬，雖然是借貸 210 萬，但民間貸款的設定卻可能飆到超過 1,000 多萬。

房屋總市值	3,450（萬）
第一順位銀行	2,400（萬）
第二順位銀行	840（萬）
第三順位私人	210（萬）

了解以上的債權結構，對於投標人來說，就更可以知道，原屋主的財務狀況；假設後來本案我們以 2,200 萬標得，以最終債權分配來說，只有第一順位債權銀行能取回原借貸款，第二順位以後的債權人，就只能取得一張債權憑證。

結合他項權利部資訊的投資策略

從他項權利部得到的資訊,該怎樣應用到後續的法拍實戰呢?

這部分,在一般中古屋交易,以及法拍屋投資中,有不同的考量,無論如何這些債務資訊都很重要。

先來看一般中古屋交易,當我們看到一個物件,在他項權利部有相當的負債,就可以據以認定,這個賣方可能比較急於出售;也就是說,當在價格談判時,有一定的殺價空間。另一方面,也可以判讀為,若出價太低根本就抵不過原屋主的債務,那原屋主可能就不會讓步。

相較來說,法拍屋投資時,考量的方向就比較不一樣,情況如下:

原屋主債務太多的狀況

這是常見的狀況,畢竟都已經淪入法拍,那表示屋主本身已無力償債,往往積欠的金額就算房子被拍賣後也償還不了。若他項權利顯示的債權方比較複雜,例如包含比較多的民間借貸,這時候有些比較謹慎的投資人,可能就不想介入,怕惹上不必要的麻煩。

但筆者在此要鄭重強調:其實房子一旦經過法拍程序,

原屋主的債務就完全與承接的得標人無關。在法院筆錄上，也都會註記：

本件標的物所設定之抵押權，於拍定後塗銷。

經過法拍後的房地產，絕對債務上會歸零，之後的他項權利改填的，則會是得標人和其所合作的銀行之貸款設定，這是法拍投資人需要有的基本常識。此外，願意投入法拍投資的朋友也應該認知，就是因為麻煩狀況比較多，才有更大的利潤空間，正所謂「富貴險中求」，不就是這個道理嗎！

原屋主債務還有處理可能的狀況

若有預定法拍的物件，經過計算之後，其債務是在我們評估自有資金可以負擔的範圍內，那有機會可以做「法拍前介入」。

舉例來說，某個物件，原屋主因為積欠台 X 銀行餘額尚有 500 萬，對方因為生意失敗，目前無力償還，積欠多月房貸後，終於銀行出手要將該物件法拍。若我們評估這屋子市價可以達一千萬，而原屋主只積欠這筆 500 萬，那可以有以下的做法：

a. 約出屋主談判，表明自己願意以 700 萬買下這房子。

b. 對屋主來說，我們買方願意先代他償還積欠台 X 銀行的 500 萬，償債後他還可以得到 200 萬。並且也不必面對後

續較傷感情的法拍流程，他自然很高興。

c. 對我們投資方來說，這間屋子若進入法拍市場，可能底價被設定為 800 萬，並且要面對很多競爭者。但如果我們提早介入，就可以 700 萬取得，整整比市價便宜 300 萬，有更大的獲利空間。

　　當然，以上的前提是必須掌握資訊，這類「準法拍」物件，其可能尚在跑法拍行政流程階段（即從原屋主遲繳，到銀行發出存證信函，到正式跑法院流程，最後貼出法拍公告、對原屋做了查封處置）。只要能在正式進入第一拍前得到「準法拍」物件的情資先行介入，就有機會取得低價物件。

　　其實實務來看，這已經不算法拍屋了，而是比照一般中古屋交易流程處理。但基本重點，還是必須透過謄本，先清楚掌握對方他項權利狀況。

小知識 BOX

勿輕易和民間借貸

談到貸款，這裡也分享實務上碰到的法拍案例：

某個小企業老闆楊先生，他因為資金周轉不靈，需要和地下錢莊調錢 250 萬，但結果並不如一般人常理所想只想借 250 萬，實際借據卻須填寫 500 萬，其中額外的 250 萬要支付給中間人的費用。

後來楊老闆生意依然沒起色，之後他的房子被迫必須被

法拍。當時他的房子光一拍底價就高達 1,200 萬，而第一順位銀行才欠 500 萬而已，本來這是個可以輕易解決的問題，但卻走上房子被法拍這一條路。

之後實際的情況是，後面順位的債權人也就是那個地下錢莊，當年才借給楊先生 250 萬，最後卻利滾利，負債高達 800 萬，就算房子法拍也不夠還。

最終，地下錢莊自己以 1,300 萬標下那間房子，他們可以將 1,300 萬中的 500 萬還給第一順位銀行，最後不論是將房子留做自己資產，或變現取得 800 萬，都是穩賺的。

但相對於楊先生來說，當初因為楊先生急於用錢，而做出錯誤的借貸決定，真的是得不償失。

看懂謄本，影響日後獲利空間

從事法拍屋投資那麼多年以來，真的看過很多投資烏龍，或者投資誤判。很多時候，根本不是因為法拍物件本身難度很高，而純粹是因為基本功課沒做好。以我來說，就算我這麼多年來參與超過千件的法拍，也看過成千上萬的法拍文件，但每次我都依然小心翼翼，很認真仔細的審閱法院的公告以及謄本資料。所謂「魔鬼就在細節」裡，有可能，某

個資訊上的疏漏，影響到後面整個投標的判斷。

　　舉例來說，影響的形式包含：

影響貸款

　　房地產市場，很少人可以一次拿出大筆現金不貸款就投資，何況這樣也不符合槓桿經濟效益。但如果一開始在審閱文件時就沒估算好，那很可能最終取得的物件，可以貸款的成數變少，或者銀行根本就不願意核貸。

　　典型的案例，就是物件坪數認定，原以為買到三四十坪的房子，結果其中大部分是無法居住使用的空間；如地下室等，這樣的物件，銀行就可能不願意貸款。

影響出價及獲利

　　我們進入法拍市場參與競標的價格，一定是植基於先了解房屋本身的成本，加上一定的獲利，經過估算後再來競標；如果基本的房屋成本認定就錯了，那後面當然也就計算錯誤。這類的情況，若沒能標到物件，那頂多是又做一次白工，但如果計算錯誤又標到房子（例如可能物件狀況不佳，根本沒其他人願意競標，你卻因為誤判而進場標），那將來如何轉手，就會是個困擾。這在後面也會以實戰案例做計算分析。

買賣價格必須有獲利空間

除非僅做為自住，否則一般房地產投資買賣，一定都看好未來有獲利空間。獲利的兩個基本模式為：

● 現在的買價加上購入成本的總和是 A，在估算的期間（例如兩年後），預期市場價格會是 >A。

（購入成本：包含房屋裝修、各類稅捐及行政手續費等）

● 市場現在的價格行情是 B，但我們取得物件的購入價和相關成本，加起來比 B 小很多。那麼，就算未來用市場行情賣出，也可以獲利。

當然，如果同時兼具以上二者，也就是一方面在取得時已經比市價低很多，另一方面將來出售時，又因為景氣或其他因素，可以高於今年的市價很多賣出；如此雙重利多加起來，就是很大的獲利。事實上，這也正是法拍屋最吸引人的地方，一般房地產投資，是難以二者兼顧的。

回過頭來談，為何謄本如此重要？

因為不論前述哪種獲利計算方式，如果一開頭房屋價值就估算錯誤，那後續就連環錯，影響深遠。亦即，雖然透過法拍屋市場，可以取得較市價低的物件，但若房子本身條件不佳，或者當初計算成本時就估算錯誤，那麼，就算取得再低價，其相對的優勢也會被誤判帶來的額外成本所抵銷。所以，投資法拍屋的基礎功課還是要做得很扎實，投資人必須

對自己有意投標的物件，盡量做到完整的認識，而最基本的資訊都在謄本裡。所以本書在介紹法拍實戰前，才會強調先從看懂謄本開始。

小知識 BOX

謄本番外篇：在法拍實戰中有關土地的特殊物件

當我們投資房地產時，既然是「房」「地」產，所以交易標的會包含地上建物和土地兩部分。法拍屋實戰比起一般中古屋買賣，會碰到較多特殊狀況；例如以建物和土地的組合來看，有可能遇到以下五種情形：

1. 土地＋建物。

（這是最標準的房地產標的，但就算是這類物件，也可能包含不同的組合；例如擁有部分土地，或只擁有部分建物）

2. 沒有土地，只標售建物。

3. 沒有土地，建物則是未辦保存登記（也就是俗稱的違章建築）。

4. 有土地，加上沒有建號的未辦保存登記建物。

5. 沒建物，也就是純粹土地法拍。

對於法拍投資人新手來說，初入門最好要選擇的物件是第一類（土地＋建物），因為：一、擁有土地持份；二、包含完整權利範圍的建物。這才是較單純理想的法拍標的。

違章建築

一個標的物件，得標人雖取得土地所有權，但建物是未辦保存建物，就是違章建築。基本上，以法律上認定，沒有建號的建物都是違章建築，這無關工安，有的違章建築不但很堅固耐用，並且還美輪美奐，但沒有建號，就是非法。

在現代談起違建，比較常見的不是整棟違建，多半是附加的違建，常見的包括頂樓加蓋、騎樓外推、房屋額外增建，或在主屋外又加個倉庫等。但在法拍市場上，這些違建可以被列入標的嗎？答案是不但可以，並且也依然有相當價值，甚至在法拍公告上，也被另外賦予一個建號。

只是不要誤會，法拍案件上賦予的建號，並不代表這個違建被合法化，那只是一種「權利範圍」標示，所有被編列建號的標的，當得標人取得後，都擁有其所有權。但在法律上，違建依然是違建，得標人取得該違建後，依然是後果自負，諸如碰到被列報拆除的情事，無法拿著法拍文件主張合法。

在此也順便要澄清一個常見的迷思，經常人們會說民國84年以前既成的違建，就是「沒有問題」的違建，實際上絕對不是這樣。違建依然是違建，84年以前的既成違建，只是被列為「緩拆」，但絕不是合法。實務上，有兩類違建會被優先拆除，第一是新蓋的違建，那擺明無視法令，這樣的違建即報即拆。第二是其存在有安全疑

慮的，既然攸關住戶安全，當然也會優先處理，就算該違建是民國 84 年以前既存的也一樣。

若標購沒有土地的建物會怎樣？

雖説對新手不建議投資沒有土地所有權的標的物，但也不是説這類物件都不能投資，只是通常唯有經驗豐富且口袋夠深的法拍投資人，才會投入這些比較特殊的物件。例如實務上，我們可以看見，就算是一個只有建物地上權（不包含土地所有權）的法拍標的，這樣的案例依然有人願意投標。

簡單分析：

1. 只有建物地上權，沒有土地所有權的物件，銀行不太會貸款，因此投資這類物件必須準備全額現金。

2. 但相對來説，這類物件價格一定很便宜；例如可能只要幾十萬元就可以標到這樣的物件。

3. 這樣的物件既需自備充分資金，又後續難以賣出，那得標人有什麼好處呢？答案其實會依物件不同也會有不同的做法。常見的一個做法，就是出租。假定這物件位在都市蛋黃區，那就有相當的吸引力。承租人自然不需要去管建物有沒有土地所有權，只要住得舒適，離工作地點就好。那麼當取得成本夠便宜，靠著每月租金收入，經過一段時間，肯定會達到讓投資成本回收的時候。

一步步了解
法拍流程

LESSON 7

關於法拍流程及建立基本觀念

法拍屋投資，本就是屬於房地產買賣的範疇，因此，我們準備投入法拍屋市場前，對一般房屋買賣的基本常識一定要有；因為一旦我們法拍得標，點交完成也繳交完相關費用後，會正式取得物件所有權，在這之後的作業流程就跟一般房地產買賣是同樣的。

這裡就先簡單列出，一般房地產買賣的幾個步驟。

取得階段			整理階段			獲利階段	
尋找物件 ▶	評估物件 ▶	交易物件 ▶	登記流程 ▶	裝潢整修	or 自住／出租	對外銷售 ▶	獲利了結

基本上，所謂法拍屋投資和一般房屋買賣最大的差別，就在於「取得階段」的不同。許多人對法拍屋心存觀望，也正是卡在對取得階段的不了解。

想進一步了解關於法拍物件的誕生，必須先認識債權。

關於債權的認知

提起法拍屋，大家第一個聯想到的是債務。往往原屋主就是因為欠債，所以讓房子淪為法拍屋。但有些投標人擔心，如果原屋主因為債務，牽扯上「不愉快」的糾紛，那後續會不會帶給得標者困擾？其實，這就是很多人怯步，不敢投入法拍市場的原因之一。

如同我們在前面也曾提到的，房子拍賣成交後，在新的謄本中，所有過往債務都一筆塗銷，之後就是承接人自己再次和銀行做房貸，與前屋主完全無關，

同樣地，前屋主不管自己積欠一千萬、兩千萬或一億元，也都跟我們無關。

另外，法拍經常被視為一般人比較難切入的投資領域，其實，大部分的法拍資訊，都可以在法院公告上清楚看見。甚至很多時候，法拍屋的資訊，反倒比一般民間房屋買賣由仲介提供的房屋資訊還完整。因為一般民間交易的房屋資訊可能有時間落差，或由於仲介人員良莠不齊，使得資訊量被打折扣。相較來說，法拍的公告，就非常明確。

學習法拍屋投資，一定要看得懂法院公告。

基礎資訊方面，包含坪數計算、持份確認等都要掌握明確，並且一定要確認拍賣範圍。

簡單說：拍賣範圍的公告，就是你取得的範圍。

例如某個物件是四層樓房中的第四樓，實際看屋時，發現四樓上面還有個頂加，但從法院公告上看，拍賣範圍並沒列入這個頂加，那得標人取得四樓的權利後，並不會同時取得頂加所有權。

另外還需關心的就是拍數以及是否為點交物件。再者，特別要注意「法院筆錄」，裡頭有著攸關本物件種種必須注意的狀況。

認識法拍流程

假定我們已經從法拍查詢系統，找到我們要的物件，並且也實地探勘過，了解相關的資訊，接著就是正式進場。

以下就用圖表來簡單呈現，法拍屋交屋的簡易流程。

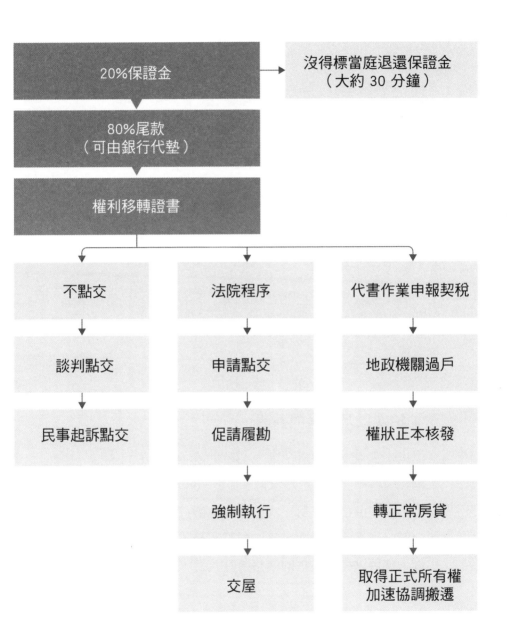

法拍的拍次以及類型說明

```
1拍. 108/6/6【4515 萬】，保証金 903 萬，坪價 30.97 萬，流標
2拍. 108/7/11【3613 萬】，保証金 723 萬，坪價 24.78 萬，停拍 (拍賣條件尚待調查)
2拍. 108/10/17【3613 萬】，保証金 723 萬，坪價 24.78 萬，流標
3拍. 108/11/21【2891 萬】，保証金 579 萬，坪價 19.83 萬，流標
```

圖 7-1　法拍屋拍次範例

當我們查閱法拍公告或瀏覽法拍資訊，一定經常可以看到某個案號，屬於不同「拍次」。例如：臺灣臺北地方法院公告（第三次拍賣）。

有第三次拍賣，自然就代表著前面有第一次拍賣、第二次拍賣。具體來說，一個法拍物件可以有幾次拍賣？讓我們來看實例。

法拍拍次以及背後的邏輯

以本例圖 7-1 來看，第一拍時間是 108 年 6 月 6 日，結果是該價格無人願意進場承接，並於 108 年 7 月 11 日進入第二次拍賣，價格是以第一次拍賣的底價打八折。但第二次拍賣的價格也被視為過高，無人願意承接，於是再進入下一回拍賣，會再以第二次拍的價格再打八折，進入第三次拍賣的流程。

這就是一拍、二拍、三拍的概念。

補充說明

若到了第三次拍賣還是無人承接，下一個流程不是第四拍，而會進入應買流程。

那麼是由誰來決定這些拍次以及定價呢？首先，我們要有個基本認知，所謂法拍，就是藉由公權力的介入，讓一個債權物件可以變現，其照顧的是債權人權利，所以法拍是由債權人提出申請。這裡的債權人，包含銀行、民間個人借貸，也包含公部門單位如稅務機關等。

在法拍前，通常已經過一段債務催討流程，最終因為債務人始終無力償還或惡意不還的情況下，債權人才會申請進入法拍程序。

進入法拍程序後，經由法院編訂案號，該案即被排入法拍時程；例如本案例，案號是 107 貴 57450，訂於 108 年 6 月 6 日法拍，這個訊息會在正式拍賣前至少一周就會發布公告，這就是第一拍。

法拍每拍的定價並不是固定的比例，這跟債權人的要求有關。通常第一拍價格最高，大約接近市價，由於價格就投資的角度來看依然偏高，投資人大多心存觀望，看準後續價格一定會再降，而無人出手，導致流標。但也有案件標的被投資人分析認為條件不錯，願意選擇在第一標就出手，相對來說，那些原本心存觀望想再等降價機會的投標人，就只能

錯失這個物件。

當第一拍流標後，大約經過一個月（實際時間仍須視法院本身排程而定），會再公告進入下一次法拍，這就是第二拍，通常第二拍的底價是第一拍底價的八折。如果這一拍再次的流標，那就會再打八折進入第三拍。

這就是為何我們看法拍公告時，其上有不同拍次背後的流程脈絡。

停拍，延緩拍賣以及撤拍

在實際法拍案例上，除了上述常見的第一拍、第二拍等狀況，還有以下幾種特殊情況，在此一一介紹。

1. 延緩拍賣

既然法拍背後是債權債務關係，若在法拍過程中，債務人因為資金情況有新的發展，在跟債權人請求後，是可以委請債權人做延緩拍賣公告。

所謂延緩，只是一種「暫停」的概念，之後發展視債務人的表現而訂，會有兩種情況：

a. 債務人因為調度取得一筆資金，或者得貴人相助願意代墊款項等。總之有了錢可以全部或部分償還債權人，若沒有全部償還者，也可透過合約協商取得分期償還共識，這樣債權人就有機會做延緩拍賣。

b. 若債務人表明要償還債務，結果後來沒有能力做到，或做到的程度不能令債權人滿意，債權人可以終止「延緩」，也就是繼續恢復拍賣的流程。

2. 撤拍

也就是撤銷拍賣的意思，如前述案例，債權人收到債務人的錢，或者感受到債務人的誠意了，於是決定撤銷本案。在此情況下，原債務人得以保留自己的房子，然後進入和債權人依約還錢的程序。但日後若還是債務問題未解，該債權人若想再走法拍流程，就必須從零開始，重新跟法院申請。

3. 停拍

延緩拍賣和撤拍，是基於債權債務間的溝通共識，而停拍相對於前述兩者，雖同樣也是由債權人做申請，但背後的原因，主要是基於債權人本身的利益。簡單舉例，若一個物件，經過一拍、二拍乃至於三拍，其拍賣價已經低於債權人預期，覺得就算後來賣出，因價格太低已不符利益，那原申請法拍人也就是該債權人，可以申請停拍。

停拍的意思，該物件債權人「暫停」拍賣，之後可能依照市場狀況，好比隔年可能房地產景氣較好，債權人就會再度跟法院啟動該物件拍賣流程。彼時的拍次，又是從頭開始，也就是說這是第二輪回的第一拍、第二拍。

4. 應買

臺灣士林地方法院公告（特別變賣）

發文日期：中華民國108年11月21日
發文字號：士院彩107司執賣字第57450號

主旨：應買人得自本公告之日（民國108年11月28日）起3個月
內，向本院具狀表示應買債務人張菊芳所有如附表所示不
動產。

依據：強制執行法第81條。

圖 7-2　法拍屋應買範例

前面在介紹拍次時，有提到當法拍進入第三拍後，若結果依然流標，那下一個流程就是應買。

如圖 7-2，法院針對該物件，在 108 年 11 月 21 日做出應買公告，就是說自公告日起三個月內，任何人可以用之前該物件第三拍的底價，一毛錢都不用加，直接買下房子。

實務上，在每一次拍賣流標後，法院都會詢問債權人，是否願意承受不動產來抵償債務人的欠款。到了第三拍依然流標，法院也依然會依法在流標後 10 日內，詢問並公告債權人是否願意進入「應買程序」。經過債權人同意，法院就會公布應買價格，也是第三次拍賣的金額，在此階段，不需投標，而是由最先送達「應買狀」完成應買流程的人得標。

法拍屋如何點交

在法拍屋市場上，以筆者身經百戰的經歷，見識過各式各樣的法拍情況。但整體來說，當我們選擇法拍屋標的時，除了地點、價位等資訊考量外，在那之前還有一個重要選項；亦即要先決定想參與投標的物件是「點交」或「不點交」。

雖然實務上，不一定「點交」的物件就代表後續處理過程很順暢，也並非「不點交」物件就會是燙手山芋。但以新手投資人來說，依然建議從「點交」物件著手比較穩當，或者交給專業法拍投資人全權處理。不論如何，想投入法拍市場，對於「點交」與「不點交」的定義與流程認識，算是法拍基本功。

點交的種類

法拍屋總體區分為「點交」及「不點交」兩大類，若再細分，可以分成四種：點交、不點交、部分點交，以及其他。以下分別說明。

點交物件

　　「點交」或「不點交」的主要認定人，是法院書記官。簡單說，只要沒有被書記官認定有「不點交」的狀況，就可以被判定為「點交」物件。最典型的，就是該物件屋內無人佔用，也就是將來得標人可以持鑰匙進入的物件，或者住的是原屋主本人，也通常是點交物件。

不點交物件

　　當在做法拍物件場勘時，因為書記官通常採取較保守的立場，若有發現「可能影響其他人權益之虞」時，往往會判定該物件屬於「不點交」物件。典型的案例，就是屋內有其他非債務人本人的住客，書記官就會認定該物件屬於「不點交」。

部分點交物件

　　係指一個法拍物件，包含不同產權空間，有著不同狀況，可能有些可以點交，有些列為不點交。舉例來說，被法拍的某個樓層，內含三個房間及客廳衛浴，其中一間被分租給非債務人的第三者，那在判定上，該物件除了該分租房間不能被點交外，其他部分還是可以被判定為可點交。

其他狀況

係指該法拍物件有某種狀況，但只要該狀況排除，就可以點交。常見的一種狀況叫做「租除」，也就是法院這邊，透過事先接洽，已經可以將該租約取消，

那後續在法拍物件上就會註明有這個狀況。如果這件事（也就是租約取消）沒有改變，那就可以點交；反過來說，若後來發現租客依然還住在那，就不能點交。

小知識 BOX

物件哪些部分可以使用，務必以法院公告為準

法拍屋的情況真的千奇百怪，例如有一種屋子，建有夾層（也就是所謂的樓中樓），但夾層有的是合法夾層，有的是屋主自己增建的夾層。也曾遇過有的法拍物件，主建物可以點交，但夾層卻不包含在內。實務上，如果該夾層是增建的違建，若要被列入法拍範圍，法院必須賦予一個建號，若法院文件標示不包含該夾層，或者直接註明主建物的建號點交，但該夾層所屬建號不點交，得標人後續都還得協商相關事宜，不能直接佔用。

點交的流程

讓我們來模擬實務點交的場景，首先，經過法拍競標後，我們確定取得某個物件，並且是當初就已經選定的「點交」物件。因此接下來的流程為：

- 首先，當然還是要確認拿到「權利移轉證書」。
- 有了「權利移轉證書」後，要同步做兩件事： 一個是通知代書，跑行政機關登記流程，另一個就是申請點交流程。
- 點交第一步驟：通知及場勘。

  在這個流程，重點在於主張所有權，具體做法是，得標人先做點交申請，當法院收到申請後，會請書記官發文給得標人（及其代理人）還有債務人（也就是原屋主），告知某月某日要執行履勘，請原本住在該物件裡的人，儘快處理搬遷事宜。在正式履勘前，得標人通常也會實地去該物件場勘，最完美的狀況，就是原屋主已經自行搬走。若場勘時，原屋主仍住在裡面，就必須和對方溝通，請對方搬遷，因為這裡所有權已不屬於對方。

- 點交第二步驟：履勘第一次點交

  1. 假定我們 10 月 24 日拿到權利移轉證書，並且申請點交，法院排定的履勘時間是 11 月 24 日，公文就會表示 11 月 24 日會去物件所在地點履勘。這個履勘通知，也會傳遞到該地的警察分局，由該分局通知該物件所屬的駐地派出所。

2. 雖然之前已公文通知，得標人最好還是在履勘前一兩天，親自去電該派出所做提醒，確認 11 月 24 日要去履勘。

3. 除了通知駐在地警察，得標人還要自己去找鎖匠，履勘當天也要到場。

4. 到了正式履勘當天，就會有法院書記官、得標人、駐地警察以及鎖匠共同參與履勘。

5. 實務上是否完成點交，還是依照書記官的認定。當履勘時無法完成點交，就需要進入第三步驟。

小知識 BOX

換鎖

為何履勘時，鎖匠要在場呢？那是因為若當天可以順利點交，就會在書記官見證下，委請鎖匠做換鎖的動作。

在法拍屋交易中，「換鎖」兩個字代表喜事，因為當可以執行換鎖時，就表示已經充分做到所有權切割，也表示本法拍物件可以正式點交。

● 點交第三步驟：強制執行，第二次點交

1. 以前述履勘為例，假設當得標人及書記官到場時，原屋主還在屋內，得標人和原屋主經過溝通，一般會達成一個協議。假定 11 月 24 日履勘，和原屋主達成的協議是請對方於 12 月 5 日前搬離。

2. 在書記官見證下，當協議達成時，對方（原屋主）會簽訂搬遷切結書。

3. 到了 12 月 5 日這天，得標人就有權正式進到屋裡，並執行「換鎖」。

4. 正常情況，12 月 5 日這天原屋主應該已搬走，屋子也該清空。但若當天屋內尚有未搬走的東西，依照搬遷協議書，得標人也可以自行處置。

以上是點交流程，雖有既定程序，但實務上當面對原屋主時，還是會有不同的狀況，最好跟隨有經驗的法拍老師學習，或者多累積實戰經驗，隨著經驗增加，就更加熟悉如何投資法拍屋。

小知識 BOX

如果說，點交物件雖有既定流程，實務上卻依然會有不同狀況，那麼不點交物件，感覺上，就更加有難度。

其實，「不點交物件」只是一種狀態，亦即其在基本認定上，被法院書記官視為不符合「點交」的狀態。原因可能是有原屋主以外的第三者居住其中，情況可能是合法租用，或非法佔用。無論如何，只要能設法排除這些狀況，讓不點交物件回復為空屋狀態，這就是得標人要面對的挑戰，要懂得如何與佔用人接洽溝通。而以實務經驗來看，也因為累積夠多的不點交物件交易經驗，可以造就一個人更加穩健的溝通技巧，這也是一種很好的人生磨練學習。

得標人處理不點交物件只有兩種做法，一種是溝通協調，一種是走法律程序。若採取後者比較曠日費時（保守估計前後至少一年半），最好還是採取溝通協商方式。

LESSON 9

建立自己的法拍投資估算表

　　了解法拍基本流程後，對每位準投資人來說，在正式進場競標法拍前，有一個重要的功課，就是計算投資報酬率。基本上，我們要找的物件，一方面要符合自己財力，另一方面也要評估未來可以獲利。

　　分析是否進場，讓我們先從計算面積開始。

　　做個專業法拍投資人，建議可以準備一張法拍投資估算表，投標前能夠一目了然的分析所有數字，以下是範例：

附屬建物分別計價表						
案號						
地址						
		平方公尺	坪數	市價	投標價	價差
A	主建物					
B	陽台					
C	露台					
D	公設					
E	車位					
F	總坪數					
	建物坪數					
	車位坪數					

對新手來說，做為估算房屋價值的基本訓練，就是把上面的表格確實填好，並且請資深的前輩協助，確認計算正確，再來準備後續投標事宜。

認識及統整所有的坪數

從上表可以看到「建坪」兩個字，所謂建坪區分成主建坪、附建坪、公設坪三大部分。初次接觸房地產者，可能搞不清這些建坪的意思，在此我們分項說明。但在那之前，別忘了先將平方公尺換算為坪數（亦即平方公尺 ×0.3025= 坪）。

區分不同建坪

同屬於一個建物的建坪，卻不代表等值，例如主建物的坪數和車位坪數就不等值。因此當我們看到謄本或法院公告時，一定要區分清楚不同的建坪。在文件上，通常不會提供清楚坪數細分，必須有賴於投標人自己計算。

下面先來認識不同的建坪定義：

● 主建坪

也就是當作為屋主時主要的生活「室內空間」，舉凡客廳、飯廳、臥室、浴廁等，主建坪應以謄本登記為主，但也可能有「室內空間」沒有列在謄本範圍內；最典型的形式包

括違建和格局修改，舉凡頂樓加蓋、未申報的夾層屋或者陽台外推等情況都有可能。實務上，投標房地產物件，可以取得的範圍，仍應以公告為主。若違建範圍被列入法拍標的，那麼法院就會賦予該違建一個建號，在房價估算方面，我們以謄本揭示的主建坪面積做為房價依據，至於違建部分就必須另外計算。

● 附建坪

附就是「附屬」的意思，是被列入產權範圍的財產，但不是一般的居住空間。最典型的形式就是陽台、露台、花台等。

一般房地產交易，附建坪的面積都併入主建坪面積計算，例如主建坪 25 坪，陽台面積 3 坪，加起來 28 坪，這 28 坪的房價是一起統合計算的。例如市價行情一坪 20 萬，那就是以 28 坪 × 20 萬（尚未加上公設以及停車位，這在後面繼續說明）。

另外也有特殊的情況，例如有個案例（參見 P.104 圖 9-2），露台面積很大，高達 40 坪以上，那就必須特別分開來計算。畢竟，露台不是主要居住空間，卻佔那麼大的坪數，若併入房價，會把價格墊得很高。

● 公告建坪

將主建坪的坪數，加上附建坪的坪數，就是公告建坪。但這依然不等同於建案總坪數。

● 公設坪數

　　一般我們投資房地產，包含法拍屋交易也是如此，假定物件的總坪數是 40 坪，實際上我們可以做為日常居住使用的，絕對沒有那麼多。這中間一個關鍵就是公設比。

小知識 BOX

何謂公設比？

公設比就是「公共空間」佔購買建物面積的比率，以公寓大廈來說，各類社區公共設施，例如游泳池、花園，還有每戶外頭的走道都屬於公共空間，其成本也包含在購屋的買價裡，即便住戶一年到頭沒使用幾次游泳池，只要是同一社區物件，成本就是所有住戶共同分攤。

一般來說，不同建物的公設比如下：

普通公寓（無電梯）：公設比不會超過 5%

電梯華廈：公設比 15 ～ 20%

社區型大樓：公設比大約 30 ～ 35%

在謄本裡並沒有一個欄位告訴你公設比多少，這部分必須自己計算。實務上，若參考民間的法拍資訊平台，那上面就會有比較清楚的資訊，直接告訴我們這物件的主建坪、附建坪、公設坪各是多少。

- 總坪數

  主建坪＋附建坪＋公設建坪＝總坪數

  另外總坪數＋車位坪數＝實際得標後可以取得坪數。

  （這裡指的是產權完整的情況，持份案例則需依不同案例個別再計算）

從實際案例計算開始

所有的理論，必須結合實務才能更加深入。因此我鼓勵讀者們，可以多找些案例，自己試著做計算，訓練拍賣出價精準度。

如同前述，建坪有不同定義，當我們購買一間房子，不論一般中古屋或法拍屋都一樣，我們付出的購屋金額，是用來取得標的物的所有建坪，這包括了無法住人的空間（例如露台、車位及整棟大樓住戶共有的公共空間）。

因為建坪內的主建坪、公設坪、車位坪不等值，我們取得的房屋總價，不應該「平均分配」給所有取得的坪數；最典型的例子，車位每坪的價格就和客廳每坪的價格不一樣。

編號	建號	基地坐落 ——— 建物門牌	建築式樣主要建築材料及房屋層數	建物面積（平方公尺） 層 面 積 合 計	附屬建物主要建築材料及用途	權利範圍	應買價格（新臺幣元）
1	1585	臺北市南港區玉成段二小段223地號 ——— 台北市南港區南港路3段99號4樓	鋼筋混凝土造9層樓房	第4樓層：155.30 合計：155.3	陽台24.63、露台154.28	全部	3,340,000元
	備考	共同使用部分：1597建號					
2	1595	臺北市南港區玉成段二小段223地號 ——— 台北市南港區南港路3段99號房屋地下3層	鋼筋混凝土造9層樓房	地下3層：994.05 合計：994.05		100000分之8907	760,000元

圖 9-1　附車位法拍物件範例

　　舉例來看，圖 9-1 所示物件位於台北市南港區，所在地段現在的每坪市價是 80 萬，該法拍物件公告總坪數是 30 坪。

X 錯誤計算方式

80（萬）×30（坪）=2400（萬）

所以該物件評估現在市價行情是 2400 萬嗎？

這樣就等於把車位以及其他非室內空間的坪數視同等值，但實際上，車位和室內空間並不等值。另外有些物件的坪數包含露台或違建空間，這些坪數也不等值。

○ 正確計算方式

車位和室內坪數應該分別計算。以圖 9-1 案例來說，除了車位沒有其他特殊狀況，因此本案例單純把車位分開計算。

坡道平面車位一般大小是 10 坪，以南港地區的車位行情，「每個坡道平面車位」計價約 250 萬。所以正確算法應是：

實際建坪部分 30（坪）-10（坪）=20（坪）

80（萬）×20（坪）=1600（萬）

坡道平面車位部分，一個車位250（萬）

因此，我們估算該物件市場價值1600（萬）+250（萬）
=1850（萬）。

　　比較上述兩種算法是不是差很多，因為錯誤算法把車位
比照室內坪數計價，導致價格失真，在做法拍競標估算時，
就會做出錯誤判斷。

練習自己計算各個環節換算

編號	建號	基　地　坐　落 ———————— 建　物　門　牌	建築式樣主要建築材料及房屋層數	建物面積（平方公尺）		附屬建物主要建築材料及用途	權利範圍	最低拍賣價格（新臺幣元）
				樓　層　面　積 合　　　　計				
1	1585	臺北市南港區玉成段二小段223地號 ———————— 台北市南港區南港路3段99號4樓	鋼筋混凝土造9層樓房	第4樓層：155.30 合計：155.3		陽台24.63、露台154.28	全部	3,340,000元
	備考	共同使用部分：1597建號						
2	1595	臺北市南港區玉成段二小段223地號 ———————— 台北市南港區南港路3段99號房屋地下3層	鋼筋混凝土造9層樓房	地下3層：994.05 合計：994.05			100000分之8907	760,000元

圖9-2　練習計算用法拍物件範例

　　讓我們實際運算練習，如圖9-2。

1. 首先我們先將所有文件上的平方公尺，換算成坪數：

   a. 主建坪 155.3 平方公尺，換算坪數 155.3×0.3025=46.98（坪）

   b. 陽台 24.63 平方公尺，換算坪數 24.63×0.3025=7.45（坪）

   c. 露台 154.28 平方公尺，換算坪數 154.28×0.3025=46.73（坪）

2. 找出需要特殊計算的空間，以本案例來說有一個很大的露台，其估算價值不能等同於一般室內建坪。

小知識 BOX

露台與陽台

露台和陽台在建築上其實有不同設計概念，但在此簡單來區分。露台顧名思義，其上有露天的空間，陽台則上有遮蓋，且實務上陽台通常比較小，普遍見於一般住宅大樓；相對來說，露台則較常見於獨棟房子，有時候露台面積可以很大。

　　以本案例來說，露台並非真正居住空間，頂多就是附屬建物，因此一般對這樣露台的估價，只能以該區每坪市價的三分之一計價。

　　所以本案例，露台 46.73（坪），經過重新計算，46.73/3=15.36（坪），也就是在計算總價時，我們將露台僅以 15.36 坪計算。

以上並非通則，實務上，也有人認為露台很有價值，願意以二分之一價計，甚至就等同室內建坪計價。不論如何，價值認定不同，計算房屋的成本就會不同。而以法拍競標來說，若將露台以高價計算，當然在標單上填寫的競標價數字也會相對較高，因此得標率也變高；相對來說，投資報酬風險也變高，因為未來買方若認定露台價值不高，就只願出相對較低的價格來買。

曾經有碰過一個實務案例，是一個完全沒陽台的建物（其實不是沒陽台，而是屋主自己把陽台外推，用以擴充室內坪數），但這麼做卻導致沒地方曬衣服，甚至也沒地方放瓦斯桶，使得這個物件的銷售非常困難。後來得標人以低價買入該物件，其實該物件要增值很簡單，就只要把陽台回復原狀就好，有了陽台，後來就以不錯的價格賣出。

LESSON 10

估算出預計投標的金額

對於投資人來說，相較於單純的一般中古屋，若投資需要更多專業支持的法拍屋交易，亦會希望追求更高的投報率。當然，這世上沒有什麼投資是百分百穩賺的，只能透過更多的專業和經驗值提高投資勝率。

以法拍屋投資來說，不管實戰經驗值多高，萬變不離其宗，也就是基礎功夫一定要做好，基本計算需正確。至於投標金額的評估，則和每個人的個性有關，但要謹守基本準則：計算得越保守，利潤越高，但同時越保守，也代表標到的機率越低。

本章，讓我們以實際案例來做計算依據，據此來估算投標金額。

估算投標金額步驟一：計算物件價值

以下是一個實際案例，我們擷取法院公告中有關建坪的部分內容如下：

3 拍 部分點交	主建坪 46.98 坪 增建坪 總建坪 145.77 坪 總底價 2891 附件坪 54.12 坪 公設坪 44.68 坪 坪單價 19.83 萬 / 坪 保證金 579 萬 公告建坪 127.88 坪 持份地坪：22.14 坪 拍後增值 -776.20 萬 公告現值 239717 元
土地	
建物	1. 台北市南港區三段 99 號四樓，建號 1585， R.C.4F:155.3mf2 陽台 24.63mf2　　露台 154.28mf2 持分全 合計 334.21mf2【334 萬】（共同使用部分：1597 建號） 2. 同址 99 號房屋地下 3 樓，建號 1595, R.C, B3, 994.05mf2，持份 8907/100000，合計 88.54 mf2【76 萬】
法院筆錄	一、1585 建號建物拍定後點交，其餘標的係拍賣不動產應有部分，查無債務人實際佔用部分，拍定後不點交。 二、民國 108 年 7 月 26 日現場調查時發現，1585 建號建物無人居住使用，入口處左側露台疑似有增建；1595 建號，地下 3 層之停車位編號 18 號、19 號未停放車輛。

案號區隔

從上述資料可以看出，法院這次拍賣是將 1585，1597 以及 1595 這三個建號合在一起拍賣，而各建號分別代表的是：

建號 1585：主建物含附建物部分

建號 1597：公設部分

建號 1595：車位

補充說明

法拍範圍一律以公告為主，曾經發生過一個例子，法院公告的拍賣範圍只拍賣主建物部分建坪，不包含車位，但競標人不查，以為拍賣範圍有含括車位，那就會造成計算上的誤差。

計算流程

以本案例來看，我們可以先換算出以下基本資訊

A. 主建坪：46.98 坪

（計算公式：155.3 平方公尺 ×0.3025）

B. 陽台：7.45 坪

（計算公式：24.63 平方公尺 ×0.3025）

C. 露台：46.70 坪

（計算公式：154.28 平方公尺 ×0.3025）

D. 附屬建坪計算

B+C=D

7.45+46.76=54.12（坪）

E. 公設總坪數 44.68 坪

F. 車位坪數 26.78 坪

G 實際公設坪數，也就是不含車位的公設坪數亦即 E-F=G

因此，本標的物總坪數就是

A+B+C+F+G

分項說明

1. 車位計算

在文件的前三欄中，我們並沒有看到具體跟車位相關的數據。但我們可以查閱法院的筆錄。以本案例來說，法院筆錄中有一條記載：

地下 3 層之停車位編號 18、19 號未停放車輛。

所以我們可以知道，本法拍物件，包含兩個車位；另在文件上有表示建號 1595，位在 B3，共 994.05 平方公尺，持份是 8907/100000。兩相對照，我們就可以知道，建號 1595 就是法院筆錄中所提到的那兩個車位。但具體面積怎麼算呢？

994.05（平方公尺）×8,907/100000=88.54（平方公尺）

88.54（平方公尺）×0.3025=26.78（坪）

因此，這就是本法拍物件的車位坪數。

2. 公設坪數計算

有了車位坪數數據之後，我們才能據以計算本法拍案件中扣除車位的公設坪數（文件上的公設坪資料有將車位計算

進去，這不利於價金的分拆計算）。

所以扣除車位的公設坪數是：

44.68-26.78=17.9（坪）

這就是實際可以列入建物坪數計算的公設。

總和計算房屋價值

現在，我們已經有了全部的數字，如此就可以計算房價。正確的算法，建物坪數和車位要分開計算。

建物的部分，就是章首所列的

A+B+C/3+G（不包含 F，F 是車位）

亦即主建坪 + 陽台 + 露台 /3+ 扣除車位後的公設

46.98（坪）+7.45（坪）+15.56（坪）+17.9（坪）=87.89（坪）

以上坪數，就是做為我們評估房屋價值的基底坪數。另外，也別忘了，本法拍標的還包含兩個標準車位。

關於公設的價值

相信讀者在看完上述的計算後都會有個疑問，面積較大露台以及頂加，在坪數價值認定上必須除以 2 或 3，那為何公設的面積，卻要全部列入房屋建坪中呢？為何不比照車位般獨立計價呢？

其實這是基於台灣的國情，不同國家有不同規範。在台灣，建商在蓋大樓的時候，本就將公共空間成本分攤給各戶，也就是每個購屋人，購買該戶的同時，也必須花一部份費用在諸如大廳、電梯等空間；不僅如此，每月尚須繳交管理費，讓專人管理這些公共空間。曾經也有一樓住戶主張因為平常用不到電梯，所以想減少管理費。但長年來公共空間成本被列入房價，已是通則。

簡言之，在台灣購屋，包含法拍屋，當計算建物面積時，公設面積都要併在總面積內計算。

估算投標金額步驟二：計算預期獲利空間

以前面分項計算後的建物坪數做基準，我們將建物坪數乘以該區目前每坪實價登錄市價（假定是 40 萬／坪），即可

算出該建物目前市價行情：

87.98（坪）×40（萬）=3,515.6（萬）

另外我們有兩個車位，車位的行情也是依不同地區有所不同，假定本物件所在區域的地下平面車位行情是 250 萬／個，兩個車位就是 500 萬。也就是說，以正常情況來看，這個物件此時此刻若是在一般中古房屋市場上銷售，其市值應該是 3,515.6（萬）+500（萬）=4,015（萬）

這樣，讀者可以理解嗎？經常練習計算，當我們碰到各種不同的法拍案件，就可以熟練地拿起計算機，將眼前充滿密密麻麻文字的謄本和法院相關文件，具體變成攸關獲利與否的市價。

那麼，如何獲利呢？

讓我們回到法拍屋本身。

比較市場行情與拍賣底價

我們已經估算出本物件現今的市場行情價是 4,015.6 萬，對照目前的拍賣底價 2,891 萬，就有 1,124 萬的差價，這是很不錯的利潤。因此在不考慮其他條件下，這是個可投資物件。

當然實務上，還要考量其他狀況：

1. 其他條件

諸如該物件是可點交還是不可點交、有沒有複雜的產權問題，以及未來會需要額外增加多少成本做維修管理或狀況排除等。以本例來說，是單純以市場價值和法拍價值對比來計算差價，但若屋況很差，可能還要額外花費 100 萬元整修等，這必須由個別投標人自行估算列入成本。

2. 競爭優勢

如果一個物件，明顯看出有不錯的獲利空間，那麼競爭者自然就會比較多。就本例來說，2,891 萬只是底價，競標場上也會有競爭者為了得標而拉高價格。經過上面正確的價格分析，計算出市價 4,015.6（萬），那麼在我們心中已經有個底，後續也比較可以精準的設定拍賣金額。

例如我們可以接受只要賺 500 萬就好，此外再加上 50 萬額外維修成本，那從市價倒推：

4,015.6（萬）-500（萬）-50（萬）=3,465.6（萬）

這就是一個可以做為法拍競標價的參考值。

模擬競標出價

在此模擬有甲乙丙三方想參與競標，檢視可能帶來的不同結果：

1. 房屋行情及成本估算錯誤

　　某甲在成本上計算錯誤,他把車位也併入計算,露台部分他以1:1價格計算,於是他計算的總坪高達128坪。40(萬)×128坪=5,120(萬)。當他把市價估算得那麼高,投標價格相對就會大幅拉高,後來他可能得標了,但也高於房屋市場行情,會很難獲利。

2. 估算過度保守

　　某乙很謹慎小心,他估算市場行情只有30萬,因此87.98(坪)×30(萬)=2,639(萬),再加上停車位加總是3,139萬,比起拍賣底價2,891萬,其實相差不多,甚至加上維修成本還會倒貼,因此某乙放棄參與本標案。

3. 計算正確,穩紮穩打進場

　　實際上本案例是可以有相當獲利空間的,某丙依照正確計算,該物件市場行情超過四千萬,他可以用不到3,500萬的競標價進場。如果沒有前述某甲估算錯誤以更高價競標,則某丙可得標。而後某甲雖然後來得標,但因估算錯誤後來並沒有獲利,而某丙秉持著正確的法拍投資觀念和計算方式,很快地就標到其他法拍物件,後來也順利以不錯的價格賣出,實實在在的獲利。

僅供參考的數字:拍後增值

　　在範例文件上,讀者還可以看到一個名詞,叫做拍後增

值。若經常上網查詢物件的人，會發現這個數字大多是負的。例如以本案例來說，拍後增值是 -726 萬。那這數字代表什麼意思呢？

所謂增值，是與「公告地價」做比對。在我們每次的法拍物件中，其實價格包含土地與建物，並且長遠來看，土地會不斷增值，反倒建物會因年代久遠而有老舊的折舊問題。當我們標到一個法拍物件，可以預期將來能以更高價售出，很大一部分原因是，我們以相對低價取得土地。

每筆法拍物件的土地價值是可以計算出來的，從土地謄本上，可以看出我們擁有多少土地。其計算方式：

● 平方公尺轉換坪數

第一步驟依舊是做單位轉換，例如謄本上註明土地面積是 148 平方公尺，那麼換算成坪數，就是 148 平方公尺 ×0.3025=44.77（坪）

● 依照持分換算

例如我們若是擁有四分之一的持份，那麼 44.77（坪）×1/4=11.19（坪）

● 與公告現值比對

把這個坪數乘以該年公告現值，即是該年的土地價格。

（我們可以在土地謄本上看到公告現值）

● 當用公告土地現值，和法拍公告價格相減，若數字竟然是

正的，那就表示我們以比公告現值還低的價格取得物件，都已經比公告現值低了，那將來不愁賣不出去。

實務上，如同本案例，經常我們在法拍資訊平台上看到的「拍後增值」是負的，但這數字只做為參考，實際上法拍人們看的依然是市場價格。畢竟，大家都知道，如今的政府公告地價遠低於實際市場價格，所以不代表呈現負數就不能購買。

從零開始
參與法拍

LESSON 11

找到理想的物件

　　大部分參與法拍的朋友，主要目的是要投資理財，而非自住。因此當尋找法拍屋物件，重點不在將來我們住得多舒適，附近交通方不方便等。當然，一般覓屋的基本考量要件，包含房屋本身格局、周邊環境生活機能優不優，有沒有嫌惡設施，甚至物件本身是否有凶宅等，這些也一樣要考量。但考量的目的，不是為了自住，而是站在下一手承接者的角度思考，若這樣的房子，可不可能賣得出去？

　　選擇法拍屋，基本的考量重點，還是「市場價值」。

　　一個物件，若各種條件都很好，但拍賣底價偏高，那就不是理想的物件。相反的，一個物件，可能有很多缺點，甚至有在進階的法拍實務上才會遇到的問題；如產權不完整、屋齡老舊、內裝可能被破壞等，但只要取得價格夠低，那相對的未來一定有投報獲利的空間。

　　對新手投資人來說，一方面要累積經驗，另一方面可能手上資金較為不足。因此，還是建議先以產權完整、將來進入交易市場麻煩度較少的物件為主，當然，最大的前提是金額要可以負擔。如果資金不足，還有一個選擇，那就是合資參與法拍，在本書最後會補充說明。

選擇好物件，上網就可以找到

要找到理想物件，非常的簡單，甚至比一般中古屋買賣要簡單。現在網站資訊非常發達，已經做好地區分類，並列出全國所有法拍物件，實際個別點入後，也都有詳細的法院公告文件。

取得法院資訊

只要點選「司法院全球資訊網」的『法拍查詢系統』（官網連結：https://aomp109.judicial.gov.tw/judbp/wkw/WHD1A02.htm），就可以進入查詢。或者新手投資人也不用擔心忘記系統名字，其實只要在 Google 查詢「法拍屋」，通常第一筆就是司法院法拍屋查詢系統。以下圖 11-1 是進入的頁面：

圖 11-1　法拍查詢系統網頁

新版的法拍查詢，一點進去就有各種查詢條件方便我們做進一步投資範圍選取；例如點選「執行拍賣法院」，就會

出現「台灣台北地方法院」、「台灣桃園地方法院」等單位，我們再以其做更細的篩選。

此外在查詢頁面還可以看到以下如圖 11-2 的兩個連結：

圖 11-2　查詢頁面的連結

1. 法務部行政執行署拍賣公告，分成兩個部分：不動產拍賣公告及動產拍賣公告，後者內容包括汽車拍賣、股票拍賣、貴重物品拍賣等，有興趣的人也可以來逛逛。但我們的重點還是在不動產法拍賣，會被列入法務部行政執行署的拍賣物件，都是因為「欠國家錢」，如欠稅、欠罰款等。

2. 「委託台灣金融資產公司拍賣公告」，也就是所謂的「金拍屋」。在序章我們也有簡單做介紹，基本上，金拍屋執行的房屋拍賣作業流程和法拍屋是一樣的，因為他們本來就是接受法院委託，來進行拍賣的單位。

瀏覽重點

回到法院查詢系統，首先要選擇查詢的區域，如台灣台北地方法院，接著再設定更細的篩選條件（例如選擇台北市全部區域），就會出現法拍物件一覽清單。

以下圖 11-3 是頁面截圖：

查詢結果　排序欄位: ◉ 案號 ○ 坐落 ○ 日期 ○ 拍次 ○ 面積 ○ 總拍賣底價　排序方式: ◉ 小到大 ○ 大到小

筆次	法院名稱	案號 股別	拍賣日期 拍賣次數	縣市	房屋地址 樓層面積	總拍賣底價(元)	點交	空屋	標別	看圖	備註	採通訊 投標	土地有無 遭受污染	地
1	臺灣臺北 地方法院	107司執字第004055號 (王股)	110/12/07 第4拍	臺北市 中山區	臺北市中山區中山北路三段25號2樓之24 1坪 X 30分之1 建物拍賣底價:新台幣 6,600 元	1,454,600	不點交					否	查詢	
2	臺灣臺北 地方法院	107司執字第042383號 (水股)	111/01/19 第6拍	臺北市 信義區	臺北市信義區松山路121號 34坪 X 全部 建物拍賣底價:新台幣 980,000 元	79,880,000	如備註 或使用 情形欄 所示		5			否	查詢	
3	臺灣臺北 地方法院	107司執字第042383號 (水股)	111/01/19 第6拍	臺北市 中正區	臺北市中正區金門街32號地下樓 38坪 X 全部 建物拍賣底價:新台幣 1,340,000 元	14,660,000	如備註 或使用 情形欄 所示	本標別 有空屋 或空地	4			否	查詢	
4	臺灣臺北 地方法院	108司執字第111108號 (戊股)	110/11/18 第1拍	臺北市 中山區	臺北市中山區德惠街45號8樓之21 6坪 X 4分之1 建物拍賣底價:新台幣 70,000 元	1,080,000	不點交				停拍公告	否	查詢	

圖 11-3　法拍物件網頁

從法拍物件的網頁，可以清楚看到每個物件的拍賣時間以及拍次。

- 點選房屋地址後，就會出現法院公告，上面會列出法拍時間、點交情況，各種備註注意事項等。
- 另外可以看到物件外觀照片。

  除了使用法院查詢系統外，也可以搭配民間專業的法拍查詢網站，這些網站有分付費會員，跟一般註冊會員。基本上，就算是免費會員也已經可以上網查到大部分參與法拍所要的資料。
- 確保資訊正確，以法院公告為主。

實地看屋

上網找物件，只是尋覓物件的第一步，我們初期可以先篩選出三、四個在自己財力負擔範圍且條件和價格不錯的物件。透過實地看屋、周邊訪查，才能做出最後是否參與投標的判斷。

法拍屋場勘大部分的基本挑選原則，和一般中古屋買賣一樣。差別只在大部分法拍屋物件，不方便看到室內屋況，因此在屋況、環境方面要取得更正確資訊，必須多花點工夫。這裡也簡單的條列各種看屋的基本注意事項：

看周邊環境

了解周邊生活機能，情況如下：

1. 是否有商圈可以方便購物。

2. 是否有學區，未來可以銷售給有孩子的家庭。

3. 是否有傳統菜市場，或是平價超市。（畢竟，主婦不會一天到晚去百貨公司買菜）

4. 交通是否便利。（若走路的話，離捷運或公車站牌多遠；若開車的話，離重要幹道及高速公路交流道多遠，或是否有四通八達的公車交通網絡）

5. 是否有公園綠地，或其他休閒運動場域。

6. 另外，對於家中有老人家者，若房屋離醫院近，也是優勢。

看有無嫌惡設施

1. 是否有墓地，或鄰近殯葬相關產業的區域。

2. 是否有帶來生命安全疑慮的單位或店家，例如旁邊有加油站，或樓下有瓦斯行。

3. 是否有可能危害健康的設施，最典型的就是高壓電塔、電信基地台。

4. 周邊是否有破壞環境的單位，像是垃圾回收場，或者附近有遊民、髒亂的荒地。

5. 是否有妨礙安寧的設施，一般會帶來噪音的設施包含宮廟、夜市還有機場。

6. 若家中有小孩的買家會忌諱的地點，例如附近有八大行業。

看所在社區環境

　　了解當地的住宿品質，例如：

1. 社區管理是否完善，可以從公佈欄上看出端倪，如是否有張貼一堆管理費未繳的通知，社區管委會的財務狀況，是否有訴訟糾紛等。

2. 社區氛圍好嗎？有的社區感覺冷冰冰沒人情味。

3. 左右鄰居感覺如何？很多人選屋重視鄰居，所謂「近朱者赤，近墨者黑」，若鄰居門前東西雜亂，或出入份子複雜，就不是好的選擇。

看房子的狀況

　　也包含原屋主的狀態，對於法拍屋來說，這點是比較困難的。但有可以參考的做法：

1. 若投標的物件是該大樓五樓，那可以透過看該大樓五樓直上層或直下層的格局來推測五樓的格局。

2. 參考建物平面圖。

3. 關於原來這戶人家的狀況，例如品德狀態，是否有暴力傾向或很難溝通？家中大約有多少人口？是否往來複雜等。可以藉由和大樓管理員、所在地區鄰長或者左鄰右舍聊天來探查，只要問話的時候親切有禮，並委婉地說自己有意來此買屋，想了解情況，加上禮多人不怪，可能送點小禮甚至一瓶飲料也行，就可以問出許多資訊。

4. 至於是否為凶宅、危樓或者海砂屋這類的情資，也是只要用心就可以查到。

　　當我們已經事先針對法院公告資訊，加上分析市場行情，篩選到想要參與投標的物件，加上實地看屋勘查，就可以進入下一步流程，到法院領取標單，準備進場投標。

關於凶宅

其實在法拍市場上，任何物件只要價格夠低，就一定還是有人願意買。但還是很多人關心凶宅是如何認定？這裡也簡單分享。

凶宅，係指在專有範圍內，發生非自然身故死亡事件；所謂非自然，就是非病死、老死，而是如自殺身亡及兇殺等，在民間習俗覺得會有「冤屈」的死亡。而專有範圍有區分界定是屋內、屋外（例如陽台），甚至是類凶宅；即物件本身非凶宅，但因為隔壁是凶宅，所以該物件也沒人敢買等。

實際上，並沒有任何法規規定不能買賣凶宅，但卻不能知情不報，若知情不報就會牽涉到事後賠償問題。

實際進場做法拍

相信第一次參與法拍屋的朋友可能內心有點緊張，畢竟，一般房地產買賣可能大部分交易過程都委託仲介，但法拍屋的競標人可能就是自己。當然也可以透過參與專業的法拍團隊來達成，一方面有專業老師全程指導，甚至直接委由法拍專業人員代為處理整個流程。另一方面，團隊中有一群共同投資理財的朋友彼此協助，那種內心的踏實感，唯有親自參與才知道。

無論如何，現在，我們已經找到好的物件要進場投標，依照法拍公告的時間，準時到法拍投標地點報到。

準備好保證金並做好貸款聯繫

首先，法拍要準備一筆保證金。

這筆錢的金額多少，就依照法院拍賣公告標單上指示的金額。一般法拍的最低保證金是 20%，準備的金額只能等於或高於這個金額。另外，台中地方法院的法拍比較特別，必須準備 30% 的保證金。其實我們不用費心去計算投標金的

20% 或是 30% 是多少，直接依照拍賣公告上所列保證金額做準備就好，後續若得標，再來跑完整的金額繳納流程。

這筆保證金是被列入參與投標必要的文件之一，通常投標人準備的會是銀行開立的支票。當天若沒有標到目標物件，保證金會當庭退還；若有標到目標物件，則會領有一張保證金收據，接著我們需要盡快聯繫預計貸款的銀行，在七天內（含假日）補足尾款。

例如得標金額是 2,891 萬，保證金是 579 萬，那後續就要再繳交 2,891 萬 -579 萬 =2,312 萬元。

銀行代墊及聯徵

一般我們買中古屋，都會和銀行簽立 20 年或 30 年的貸款，並約定以多少利率分期償還。當我們正式標到法拍屋後，後面流程其實也是如此，只不過在正式取得物件前的進場競標，必須先繳納保證金，這筆錢不屬於貸款，而是代墊款。之後若得標，銀行要協助補足 2,891 萬，然而這依然不算是房貸，這段期間這筆資金的借貸性質比較屬於信貸。唯有當得標人委託代書跑完行政流程，我們正式取得房屋權狀後，和銀行端才可以正式轉為房貸關係。

所以這裡要注意幾件事：

- 代墊款金額動輒百萬千萬，當然不是臨時聯繫就可以成功的。在投入法拍市場前，一定要先和銀行溝通，並非每家銀行都願意承做法拍屋業務，若有投入這項業務的銀行，也需針對法拍投資人的本身進行聯徵紀錄調閱及信用調查。這部分會比照一般中古屋買賣貸款流程，銀行端會審閱個人的薪資、財力證明、過往信用情況、有無遲繳或其他不良紀錄等。

- 通常經驗豐富的法拍投資人都有常態合作的銀行，也有很多人選擇的是和民間金主合作。那是因為，當得標後，必須七天內補足尾款，若碰上連假期間，銀行不上班卻也同樣比照七天時效，那跑銀行這端的壓力比較大。若直接和熟悉的民間金主合作，會比較沒這種壓力，過程就以短期借貸利息計算，等正式取得權狀後，再正式和銀行貸款。

- 銀行是否同意提供代墊款，關鍵在於他們事先的鑑價評估，一般若是個人投標，鑑價評估需要花費一到兩天的時間；但若是公司行號要投標，鑑價評估時間可能要至少一周以上。因此，要參與法拍，得提早跟銀行聯繫。

不能貸款的特殊案例

在前面提到的注意事項，我們都特別提到「權狀」，因為唯有當我們正式取得房屋所有權，才能跟銀行辦貸款。

而法拍屋在很多的特殊情況下，是無法辦貸款，原因之一就是權狀無法取得；另外，屋況的種種問題，以及沒有取得完整產權等，也都會讓銀行不願意核貸。

以下案例，就是典型因為拿不到權狀無法辦理正常貸款的例子。

● 得標後卻拿不到權狀的案例：雙重扣押

大家都知道，法拍物件通常是原本有債權糾紛的物件，其取得後，並不像一般房屋仲介買賣，可以一手交錢一手交屋的模式，而是尚需跑一些法律程序。然而人們或許會認為雖然過程麻煩些，但得標後應該還是可以拿得到權狀。但這裡有個一般人可能會忽略的情況，那就是雙重扣押。其實，這類狀況，在法院筆錄都會有註記，以下就是實際案例：

某個法拍標的，在法院筆錄中註記著：

本件業經台灣新北市地方檢察署 106 年度偵字第 xxxx 號辦理，禁止處分登記在案，拍定後由本院函請為扣押之機關或刑事案件係屬法院，或由上開機關依拍定人之聲請，通知地政機關塗銷。

所以這個物件，就算法拍得標取得，也無法立刻拿到權狀。那是因為該物件，除了當初因為民事債權問題，被銀行申請扣押，必須民事強制執行拍賣抵押物或者拍賣分割外，這房子還多了一個刑事扣押；也就是同時被兩個單位查扣。法院拍賣得標只是處理了民事部分，刑事部分還需另跑流程。

一般正常法拍物件，只要依法繳完尾款，就可以拿到權利移轉證書，接著辦理繳稅，最後再去地政事務所換取權狀。但因本案牽扯到刑事案件，無法如一般正常法拍物件的方式處理，得標人需經過執行署同意才能讓地政單位進行塗銷。

為何會有這樣的事情呢？原因可能是當初屋主涉及刑事案件，好比說，他可能經營詐騙集團，後來案件被破獲，除了背負刑責，還需賠償受害人損失等，因此導致房子也被刑事扣押。

對投標人來說，必須強調的一點是，原本法拍得標後，是可以正常和銀行申貸的，但這類雙重扣押的案件，銀行是不會核貸的。也就是說，若想標這類法拍物件，除了要耐得住後續的額外冗長的行政流程外，口袋還必須夠深才能完成，因為必須自己全額現金買屋。

若排除貸款問題，雙重扣押案件的權狀取得時間需要多久呢？

以本案例來說，正式塗銷必須要等新北地方檢察署以公文通知地政單位，那樣才能做塗銷。光這部分公文往返，可能要多等半年。然而，既然富貴險中求，這個物件雖然麻煩，但如果法拍價格真的夠低，還是會有人願意進場的，前提是他本身有一定的資金，也願意花好幾個月去跑流程。雙重扣押的物件在實務上雖然不能貸款，但這房子依然可以點交，也可以合法的搬進去住，甚至也一樣可以自己當起房東，將

房子出租。或者也可以再轉手賣給他人，只要承接人能接受先取得物件，但暫時拿不到權狀，也並未規定不能交易。

怎樣的情況會變成無效投標

都已經選定了物件，也和銀行或金主做好連繫，準備在法拍當日競標，但是當法拍投資人最後仍然要留意，如果一個疏忽，也可能因為某個環節疏漏，而讓自己功虧一簣無法參與投標。

法院有公布相關投標規範，只要有觸犯其中任何一條，就會被認為投標無效。以下簡單說明：

1. 投標時間截止後之投標。

   意思就是不准遲到，要在公告的投標時間內完成投標。正常一個法拍物件，可能早上 10：30 開放投標，到 11：00 截止，那時候就要正式開標了。此時，若 11：01 有投標人匆匆趕來投標，也已經來不及了，是屬無效投標。

2. 開標前業已公告停止拍賣程序，或由主持開標之法官宣告停止拍賣程序。

   一般我們參與法拍屋標案前，在開標日前都還是會密切注意，有沒有任何延緩、停拍或撤拍等公告，以免白跑一趟。

3. 投標書未投入法院指定之標匭。

法院公告已經告訴投標人，要投標到指定標匭內，總之除了投入指定標匭外，投入其他地方都是無效投標。

4. 除執行分割共有物變賣判決之拍賣外，投標人為該拍賣標的之所有人。

舉例來說，若王大明的房子被法拍，即王大明本人就不能成為這間房子的競標投標人。

5. 投標人為未繳足價金而再拍賣之前拍定人或承受人。

舉例來說，原本王大明已經得標了，卻因為資金調度不足，沒能在七天內繳足應繳的法拍尾款，導致該拍賣流標。後來又重新拍賣一次，那這一次王大明就不能用自己的名字參與該法拍物件投標了。

6. 不動產拍賣公告載明投標人應提出第二點至第四點所示證明（釋明）文件及委任狀，而投標人未提出。

意思就是投標人於投標時都應該準備好身分證、印章跟委任狀，若疏忽忘了帶，那投標就無效。如果投標者是公司負責人，除了身分證、印章齊備外，還需準備公司營登等公司資料，如若任一項有所缺漏，就無法完成得標程序。

7. 投標人為未成年人，未由其法定代理人代理投標。

未滿二十歲，必須由父母或法定代理人代理投標。

8. 代理人無第四點所定之特別代理權。

代理人也要準備身分證、印章跟委任狀，如果代理人身分

證、印章沒有帶，代理無效。委任狀順序寫錯，也是無效。

9. 以新台幣以外之貨幣為單位記載願出之價額，或以實物代替願出之價額。

   法院已經清楚告知投標只能以新台幣為單位計價，用其他貨幣就是廢標。

10. 對願出之價額未記明一定之金額，僅表明就他人願出之價額為增減之數額。簡言之，投標時就直接寫明投標金額，不能以其他註記方式。

    舉例，王大明想投標，他必須寫明金額，不能只寫著「比最高得標者的競標金多加一千元」這類的字眼，這樣是無效投標。

11. 投標書記載缺漏或字跡潦草、模糊，導致無法辨識。

    因為標單眾多，現場書記官要花時間檢查，請你把字跡寫清楚，不要讓他們難以辨識。

12. 投標書既未簽名亦未蓋章。

    標單上有請你簽名蓋章的地方，就請你一定要蓋章，並且蓋清楚，不要模糊或漏掉應蓋部分，不然就視為廢標。

13. 投標人提出之保證金票據，其發票人為非經金融主管機關核准之金融業者。

    投標必須以金融機關核准的國營或大型銀行開立之本行支票才符合規定。

    其他的商業本票、個人本票，都不能做為投標保證金票據。

14. 投標人提出之保證金票據已記載法院以外之受款人，該受款人未依票據法規定連續背書。

簡言之，投標人開立的支票，只要地方法院沒辦法兌現就是廢標。

例如支票開票對象不是地方法院，而是王大明，該票據沒有禁止背書轉讓，那王大明可以將支票背書蓋章轉讓給地方法院，這沒問題；但若支票後面沒蓋章，無法讓法院兌票，那就會導致廢標。

15. 投標人提出之保證金票據為禁止背書轉讓之票據，其受款人為法院以外之人。

如果本行支票已經禁止背書轉讓，受款人就要是投標的那個地方法院，否則地方法院無法兌現，那就是廢標。

16. 非通訊投標，未依第八點第一項前段規定併附保證金（臨時）收據，亦未將保證金封存袋連同投標書投入標匭。

請把本行支票也就是保證金，放入你的投標單內，不能分開投，否則視為廢標。

17. 分別標價合併拍賣時，投標書載明僅願買其中部分之不動產及價額。

舉例，本法拍標的物，分為三個建物案號，1101、1102還有1103，我們投標時，標單不能只寫1101，1103建號而不寫1102建號，這樣就是廢標。同一個公告，也就是拍賣取得範圍標的物，要一起投標。

18. 投標書載明得標之不動產指定登記予投標人以外之人。

舉例，王大明不能在標單上寫著，如果得標後，把權利轉給王大山。

19. 投標書附加投標之條件。

簡言之，投標人不能在投標書上自己備註條件，一切都須按照法院規定。

20. 拍賣標的為耕地時，私法人投標而未將主管機關許可之證明文件附於投標書。

21. 投標人為外國人，未將不動產所在地直轄市或縣（市）政府核准得購買該不動產之證明文件附於投標書。

22. 拍賣標的為原住民保留地，投標人未將原住民之證明文件附於投標書。

以上三點（第 20 ～ 22 點）皆與投標人的身分證明有關，法人參與耕地投標要有許可文件，外國人投標要先申請相關核准證明。至於只有原住民資格才能參與的原住民保留地，投標人也須提具相關證明。

23. 通訊投標未依司法院規定格式黏貼標封，並載明開標日、時及案號。

24. 通訊投標之投標書，未於指定期間或逾期寄達指定之地址或郵局信箱。

25. 通訊投標，未依辦理強制執行事件應行注意事項第四十七點第三款但書規定繳納保證金。

以上三點（第 23 ～ 25 點）皆與通訊投標有關，只要不按規定，就視為無效標單。

26. 其他符合拍賣公告特別記載投標無效之情形。

小知識 BOX

綜合提醒

投標前務必攜帶身分證正本、個人印章、本行支票。

若是委託代理人，投標人、代理人雙方的身分證正本和印章都要帶齊。

投標前一定要詳閱法院公告及相關文件。

以過往實戰經驗來看，最常看到的廢標情況：

● 本行支票出現瑕疵，忘記背書、金額不足或錯誤的支票提示等。

● 標單上該簽名蓋章處，有缺漏或蓋章不清楚。

多年來，我們帶領團隊的投標原則就是小心謹慎，俗話說小心駛得萬年船，即使已經參加過成千上百件法拍物件的投標，每一次都還是小心翼翼，按部就班的投標。

法拍投資，是有可能帶來十萬、百萬甚至千萬以上的報酬，不要讓自己因為投標文件沒過關而錯失投資機會。各種投標文件的撰寫，雖然看似簡單，但也不能輕忽。

下一章我們就來談各類文件。

認識各類投標及點交相關文件

　　法拍投資，最需要動腦的部分，第一是選對物件，並快速做出是否參與投標的抉擇；第二是法拍得標後，遇到各類狀況問題的解決能力。相對來說，填寫法拍投標文件，只是簡單的文書工作，然而世事無絕對，還是經常有人未正式進入法拍競標流程，就在前面投標作業時犯錯；有的是忘了帶印章，還有支票準備錯誤等。如果連投標資格都不能取得，那就無法談後面長遠的投資報酬了。

　　其實這些文書作業真的不難，重點還是要小心仔細。接下來我們就要來檢閱這些投標時的必要文件。

法拍相關文件填寫注意事項

強制執行投標書

　　法拍，是透過法院處理債權問題的簡稱，即不是透過一般仲介流程進行買賣，而是由法院強制執行；顧名思義法拍屋的投標單全名叫做強制執行投標書，例如「台灣士林地方法院強制執行投標書」。

當我們對某個法拍標的物有興趣，就要去該公告法院購買標單。其基本格式如下：

附件一
地方法院民事執行處不動產投標參考要點附件（第1-1頁）

臺灣○○地方法院強制執行投標書

案號	年度 字第 號	標別		標股別	

投標人	姓名 （名稱）		簽名 蓋章		法定代理人（簽名蓋章）	
	住址				出　生 年　月　日	
	連絡 電話		身分證統一編號 （營利事業統一編號）			

代理人	姓名				簽名蓋章	
	住址				出　生 年　月　日	
	連絡 電話		身分證 統一編號		委任狀 委任人即投標人茲	

編號	土地坐落 及面積	地　號	權利 範圍	願 出 價 額（新臺幣）	委任 先生（女士）為代理人， 並有民事訴訟法第70 條第1項但書及第2項 規定之特別代理權。
1	詳如公告				
2	詳如公告				
3	詳如公告				
編號	建　號建物門牌		權利 範圍	願 出 價 額（新臺幣）	委任人（簽章）
1		詳如公告			
2		詳如公告			代理人（簽章）
3		詳如公告			

動　產	物品名稱、數量詳如公告

總價 （新臺幣）	億 仟 佰 拾 萬 仟 佰 拾 元

通訊投標如未得標，並聲請將保證金匯款至投標人本人帳戶，匯費自行負擔
【另檢附本人帳戶之存摺封面影本及匯入帳聲請書（下載網址：
http://www.judicial.gov.tw/assist/assist03/assist03-04.asp 編號50）】
同意請簽名：

應買人須有法定資格者，其證明文件名稱及件數：

注意 事項	請詳閱背面關於投標無效之情形；其他應注意事項請參考「地方法院民事 執行處不動產投標參考要點」。

保證金 金　額	元	未得標者領回 保證金簽名蓋章	

※不動產附表不敷使用者，可由司法院網站 http://www.judicial.gov.tw/assist/assist03/assist03-04.asp
　編號48下載檔索。

圖 13-1　標單範本

注意事項

1. 投標人的基本資料都要填寫正確。若有委託代理人，資料同樣要正確，在投標當天，投標人和代理人的身分證、印章都要帶齊。

2. 標的物土地的基本資料，都要比照法院公告。

   a. 土地坐落及面積，表單上已註明詳如公告。

   b. 地號：就照實抄錄，例如地號 17-2。

   c. 權利範圍：依然照實抄錄，例如 81/100000。

   d. 願出價格：這部分就要計算了，先留空最後再填寫。

   3. 建物基本資料。

   a. 建號：依照法院公告。

   b. 權利範圍：也是依照法院公告。

   c. 願出價格：計算方式如下說明。

   在前面章節有學習過如何計算投報，這裡我們就以簡單舉例說明。

投標價格計算

基本的計算方式

未來預估賣價 – 獲利預期 – 各類雜支 = 投標金額

1. 假定法院公告的法拍底價。土地部分是 1,200 萬，建物部分是 600 萬。二者加總的總和就是：拍賣底價 1,200 萬 +600 萬 =1,800 萬。

2. 我們依照整個法拍物件坪數，乘以該區實價登錄每坪行情，若計算後的數字是 2,500 萬，這是預估未來市場賣價。

3. 以市場總價超過 2000 萬的法拍物件，我們利潤通常要抓至少二成，亦即 400 萬，而其他預估成本（稅金以及各類維修雜支）預估 100 萬，因此，2,500 萬 –400 萬 –100 萬 =2,000 萬。

4. 本案例我們最高只能出價到 2,000 萬，再高就不符合我們的利潤規劃，即最多比拍賣底價再加 200 萬。

5. 請記住，加價一定要加在土地上，所以以本案例來說，原本拍賣底價：土地 1,200 萬，建物 600 萬，我們填寫的願出價格：

土地 1,400 萬（將 1,200 萬加上 200 萬）、建物：600 萬（照原法拍底價）。

補充說明

●最後的總價要以國字填寫（亦即：壹貳參肆伍陸柒捌玖拾）。

以本例來説：

總價 2,000 萬，要寫成：貳仟零佰零拾零萬零仟零佰零拾零元。

●保證金金額，需依照標案規定的數字。只能多於該金額，不得少於該金額。

●蓋章不能蓋錯，曾經有人投標時，將投標人和代理人的章蓋反了，導致該投標書無效。

●本案例是以投資的角度計算投標金額，若是以「自住」的角度，那投標金額可適度再提高，以增進得標率（因為自住者就比較不需考慮未來在市場售出的投報率）。

投標保證金封存袋

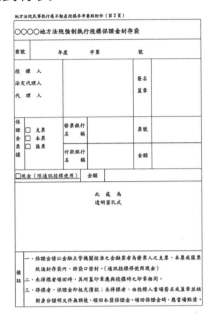

圖 13-2 標單封存袋範本

如本標單所示，全名是「臺灣士林地方法院強制執行投標保證金封存袋」。

注意事項

1. 基本填寫事項，包含案號，投標人姓名及應蓋的章，都要填好蓋好。

2. 保證金票據一般是勾選支票。

　文件上要填妥發票銀行及付款銀行名稱，註明票號以及金額，該金額就是上頁在強制執行投標書上填寫的保證金額。

委任狀

一般參與法拍，當投資人是新手或者投標當天有事無法到場時，亦或想委由更專業的法拍達人代為處理，只要填寫委任狀，就可委任專業的人當代理人。

表格樣式如圖 13-3。

B88

民事委任狀					
	姓名或名稱	出生年月日	職業	依序填寫：國民身分證統一編號或營利事業統一編號、住居所或營業所、郵遞區號及電話號碼、電子郵件位址	送達代收人姓名、住址、郵遞區號及電話號碼
委任人				是否申請『案件進度線上查詢服務』：（聲請本服務，請參考網址：http://cpor.judicial.gov.tw） □否 □是（以一組 E-MAIL 為限） 電子郵件位址：	
受任人				是否申請『案件進度線上查詢服務』：（聲請本服務，請參考網址：http://cpor.judicial.gov.tw） □否 □是（以一組 E-MAIL 為限） 電子郵件位址：	

◎案件進度線上查詢服務→得查詢之案件類型及進行事項：
(1). 目前提供查詢民事(通常、簡易、小額訴訟程序及調解)、刑事(通常、簡易訴訟程序)、家事訴訟程序案件之最新三筆進行事項。
(2). 行政訴訟通常訴訟程序、簡易訴訟程序及再審事件等之最新三筆進行事項。
(3). 其餘非訟、強制執行及少年等案(事)件，未提供查詢服務。

1082344

圖 13-3　委任狀範本

民事聲明應買狀

當一個法拍物件，經過一拍、二拍、三拍流標後，就會進入應買程序。此時，有意購買該法拍物件的人，不必填寫投標單，而是要填寫本應買狀。

C-17

民事聲明應買狀（公告期間）　年度司執字第　　號　　股

聲　明　人： （即買受人或承受人）	身分證字號：
法定代理人：	電話：
代 理 人：	
住　址：	

為聲明願依原定拍賣條件應買之表示：

　　貴院　年度　　字第　　號強制執行案件，聲明人願依

　年　月　日公告應買 3 個月期間內之拍賣程序公告所訂之條件及

拍賣底價聲請應買債務人所有如後所示之不動產。

□檢陳保證金收據正本一件　　　□請求以債權額扣抵

聲明應買不動產標示如下：

土地：□臺北市
　　　□新北市＿＿＿＿＿＿＿＿＿＿＿＿＿＿＿＿＿＿。

　　　權利範圍：＿＿＿＿＿＿。

房屋門牌：□臺北市
　　　　　□新北市＿＿＿＿＿＿＿＿＿＿＿＿＿＿。

　　　權利範圍：＿＿＿＿＿＿。

證物：□保證金收據正本一件 □國民身分證影本一件 □委任狀正本一件

　　謹　狀

臺灣士林地方法院　　公鑒

　　　　　　　　　　具狀人：　　　　　　（簽名蓋章）

中　華　民　國　　　年　　　　月　　　　日

圖 13-4　應買狀範本

民事聲明應買狀之注意事項

1. 聲明人就是想要承購應買物件的人。

2. 代理人就是受委託的人。

3. 相關的案號要填寫。

4. 填具應買不動產的資料，皆依照法院公告。

5. 實際應買作業，應買人需帶著應買狀，於應買公告日起，前往法院找承辦書記官登記；若我們是第一個，屆時要檢查相關證件，確認無誤後，再辦理後續應買繳費的程序。

6. 如果當天委任代理人執行應買登記，那代理人還要攜帶民事委任狀。

通訊投標

有些法拍物件因為特殊狀況，法院會特別公告「本件限通訊投標」。這類物件的情況，可能原因之一，就是物件本身有一定的複雜度，乃至各方人馬都有意願前來爭取，為避免圍標或惡意競標情事，所以改採通信投標。

通信投標的文件填寫，和一般正式投標文件差不多。

附件二

______ 地方法院強制執行不動產通訊投標書件標封【務必依實填載，否則可能導致投標無效】

開標日、時：　年　月　日　午　時　分

案號：　年度　字第　號／股別：　股

標別：

寄件人姓名：

住址：

電話：

寄送（雙掛號）□______郵局第____號信箱【受限保管期限，勿用快捷郵件】

□____縣（市）____鄉（鎮、市、區）____路____號

【寄送前請再確認拍賣公告寄達處所之記載，以免誤寄】

內含：
- □1. 投標書暨保證金封存袋（含保證金）。
- □2. 投標人身分證明文件：______影本__件。
- □3 未成年人或法人之法定代理人證明文件：（名稱）影本__件、國民身分證影本__件。
- □4. 外國人購買不動產證明文件：（名稱）影本__件。
- □5. 原住民證明文件：（名稱）影本__件。
- □6. 主管機關許可私法人購買耕地證明文件：（名稱）影本__件。
- □7. 其他依拍賣公告所定應提出之文件：
- □8. 本人帳戶之存摺封面影本及匯款入帳聲請書。

圖 13-5　通訊投標範本

跟點交相關的文件填寫注意事項

當我們透過法拍合法取得物件了，即不論是原屋主、屋主家人，乃至於該屋承租人，在法律上一律都統稱為佔用人。我們點交的過程可以溫和，但權利義務要分明。

民事聲請點交不動產狀

民　事　聲　請　點　交　不　動　產　狀			
案　　　號	97年度 司執 字第○○○○號	承辦股別	股
訴訟標的的 金額或價額	新台幣		元
稱　　　謂	姓名或名稱	依序填寫：國民身分證統碼或營利事業統一編號、性別、出生年月日、職業、住居所、就業處所、公務所、事務所或營業所、郵遞區號、電話、傳真、電子郵件位址、指定送達代收人及其送達處所。	
聲　請　人 （即買受人）	○○○	身分證字號（或營利事業統一編號）：○○○○○ 性別：男/女 出生年月日：民國○○年○○月○○日 郵遞區號：○○○ 住居所：台北市○○區○○路○○號○○樓 電話：(02) ○○○○-○○○○ 送達代收人：○○○ 送達處所：台北市○○區○○路○○號○○樓	

圖 13-6　民事聲請點交不動產狀範本

民事聲請點交不動產狀，簡稱點交狀。

填寫注意事項

1. 基本的案號股別都要寫清楚。

2. 訴訟標的金額或價額。

　　就是我們在投標書上所書寫的金額，後來也正式以該金額得標。

3. 稱謂：就是寫投標人的基本資料。

4. 為聲請點交不動產事宜，只要在相關的空格填入案號，以及債務人資料。

5. 不動產坐落地址，也是依法拍文件上的地址填寫。

6. 最後也不要忘了簽名及用印。

民事陳報（補正）狀

B24-1

民事陳報（補正）狀				
案　號	年度	字第	號	承辦股別
訴訟標的 金額或價額	新臺幣			元
稱　　謂	姓名或名稱	依序填寫：國民身分證統一編號或營利事業統一編號、性別、出生年月日、職業、住居所、就業處所、公務所、事務所或營業所、郵遞區號、電話、傳真、電子郵件位址、指定送達代收人及其送達處所。		
聲　請　人 即		國民身分證統一編號（或營利事業統一編號）： 性別：男／女　　生日：　　　　職業 住： 郵遞區號：　　　　　　電話： 送達代收人姓名、處所：		
相　對　人 即		國民身分證統一編號（或營利事業統一編號）： 性別：男／女　　生日：　　　　職業 住： 郵遞區號：　　　　　　電話： 送達代收人姓名、處所：		

1083108

圖 13-7　民事陳報（補正）狀範本

民事陳報（補正）狀這份文件是假定我們和書記官一起去前往點交，但可能原本屋主已經離開，而留下的卻不是空屋，現場還有相當的家具或雜物。

從我參與過的成千上百的法拍案例中，也見過千奇百怪的遺留物，無論如何，我們點交的應該是物件本身，而無權利佔有點交空間內的物品，也無法立即分辨哪些是有價值，哪些該被視為廢棄物。因此，這時候在場的書記官就會做出判定，保險起見，為避免未來發生糾紛，會一一將屋內的東西造冊。好比說椅子幾張、衣櫃一座內有吊掛西裝幾件等，這些都要條列在冊子內。

另外，也須拍照存證，假定有遺留十二項家具，就有十二張照片。原則上要發文通知原債務人有關這些物品是否要搬走，若原屋主遲遲不肯認領，最終這些東西如果看起來還有實用價值，法院會另外安排物品拍賣會。

關於民事陳報（補正）狀之注意事項

1. 需要要先填具案號，還有當初訴訟標的金額或價額。

2. 聲請人就是法拍得標人，相對人也就是債務人。

3. 陳報（補正）文件，就是指前述那些屋內遺留的物品，要一一條列。

4. 證物名稱及件數，以本案例來說，拍了十二張照片，隨文件送上去，就是證物。

5. 最終就是簽名蓋章。

其中具狀人是法拍得標人，撰狀人通常是法拍代理人。

搬遷協議切結書

這裡我們可以看到有兩種版本搬遷切結書，簡單區分，一個是不需付搬遷費，一個是要付搬遷費。前者通常是在可點交物件情況，後者則主要發生在不可點交物件情況，以下分別來說明：

1. 點交物件的情況

當我們標到的是可點交的物件，假定依法 7 月 5 日法院會強制執行點交，在那之前可能有個情況，得標人（我方）在這段期間已經透過和原佔用人緊密聯繫，雙方已達成協議，原佔用方會提前於 6 月 20 日就搬走，不需等 7 月 5 日的法院強制執行點交。在此情況下，即可由原佔用方寫下搬簽切結同意書，而我方只需將該文件呈報給法院書記官，讓法院知道 7 月 5 日不需要來執行點交了，因為我方已經跟原佔用方談好，並檢附搬簽切結同意書。

當然，如果原本法院強制點交的時間，比得標人和佔有人間的協議日期還早，還是必須走法院強制點交流程。

搬遷協議切結書

茲有(　　　以下簡稱甲方)依法於民國 年 月 日標得 　　　年度
字第 　　號 位於 　市 　區 路巷 號 樓之不動產(座落於 市
區 段 　地號)。經與佔用人,代表人(以下簡稱乙方)協議,於民國
年月 日(含當日)以後,甲方得自由進出該房屋(乙方未經甲方同意不
得再進入該房屋,不可搬走固定物及毀損水電管線,否則視同破壞屋況,
依法觸犯毀損罪);同時乙方必須放棄同時實施履行抗辯權, 屋況以照
片為準,房屋內一切物品視同乙方遺留之廢棄物,由甲方全權處理。乙
方負責其排除第三人一切行為主張,絕無異議並願負法律上民、刑事及
現行法令之一切完全責任。

　　甲方簽章:

　　身分證字號:

　　乙方簽章:

　　身分證字號:

　　見證人:

　　民國　　　　年　　　　月　　　　日

圖 13-8　搬遷協議切結書範本一

搬遷協議切結書

茲有（　　　簡稱甲方）依法於民國　　年 月 日標得　年度
執字第　號位於　市　　區　街　巷　號　樓之不動產（座落
於　市　區福德　　段　小段　地號）。與佔用人（
簡稱乙方）協議甲方同意支付乙方搬遷費用新台幣　　元整，但乙方於
民國　年　月　日（含當日）以後，甲方得自由進出該房屋（乙方未
經甲方同意不得再進入該房屋，不可搬走固定物及毀損水電管線，否則
視同破壞屋況，依法觸犯毀損罪）；同時乙方必須放棄抗辯權，屋況以照
片為準，房屋內一切物品視同乙方遺留之廢棄物，由甲方全權處理。乙
方負責其排除第三人一切行為主張，絕無異議並願負法律上民、刑事及
現行法令之一切完全責任。

附註：有關甲方同意支付乙方搬遷費用新台幣　　　元整，甲方於民
國　年　月　日先行支付給乙方新台幣　元整。乙方於民
國　年　月　日點交房屋於甲方經雙方檢視該屋固定物未破壞損
毀後，甲方再將搬遷尾款　元支付乙方。

　　　　　　　　　　恐口無憑 特立此據

甲方簽章：
身分證字號：
乙方簽章：身分證字號：

民國　　　　年　　　　月　　　日

圖 13-9　搬遷協議切結書範本二（有搬遷費版本）

155

2. 不點交物件的情況

　　當物件屬於不點交之物件，法院本來就不會來協助你點交，所以此時就需要得標人和佔有人自行合議點交。在合議點交的過程中，得標人會跟原佔用人進行溝通談判，在談判的過程中，有可能會產生搬遷費用，所以搬遷切結同意書才會有兩種版本，一種是有付搬遷費，另一種則沒有。

　　當雙方經過協調，如佔用方同意搬遷且得標這一方願意支付一筆費用讓佔用方搬遷，該費用經對佔用簽收後，即需依協議書內容交屋，這就一手交錢一手交屋的概念。另在搬遷切結同意書上，原佔用方還須註明，從此不會再找得標人麻煩，不會來破壞房子等文句，以保障得標人之權益。

　　關於非點交的部分，也正是筆者及我們團隊的專長且累積豐富的經驗，可以壓低前述說的這筆搬遷費，讓整體法拍投資成本降低，創造更大的利潤空間。此外，也會大幅縮短談判時間，所謂時間就是金錢，靠著我們專業的團隊，能更有效率地處理不點交物件。

各類法拍
狀況分享

LESSON 14

關於法拍產權的爭議

　　不同於一般房屋買賣，買的單位是整戶，法拍屋市場經常出現產權拆散的問題。同樣地，這類狀況在法院筆錄也都會揭露。只是投標人自己必須注意。

　　舉例來看，某個法院筆錄註明：

　　xxx 號建物拍定後點交，x 年 x 月 x 日現場查封時債務人之母，在現場稱建物係由債務人及家屬居住使用，無出租或出借他人，惟現在實際情況如何，仍應請買受人自行查明注意。

　　又或者原佔有人（及原承租人）稱：本件 xxxx 建號含有地下三層之停車位使用權，編號為 18,19 號。惟共有人間之分管契約為何不明，是否確有停車使用權，請應買人自行查明。如有爭議以實體確定判決為準，停車位拍定後不點交。

　　以上這些註明事項，每一件都攸關得標人法拍的產權。

跟產權有關的爭議

投入法拍屋市場二十年來，筆者見過形形色色的法拍狀況，法拍屋區分為點交與不可點交，那是一回事，除此，還有部分點交，部分不點交的。另外，亦有交易時得標人以為可以擁有的空間，實際得標後才發現誤判。有一個典型的狀況，就是頂加認定。

不被包含在法拍範圍的建物產權

曾經有一個法拍物件，那是六層樓建築的六樓，其上有個頂樓加蓋。在第一拍的時候，這個法拍標是連同六樓以及頂加一起的，但到了第二拍，頂拍部分卻被撤下，也就是得標者，只可以取得六樓產權，但卻不包含頂加。對不知情者來說，一旦標到，卻發現跟原本預想不同，少了一整層可用，心中打擊一定很大。

其實這樣的情況不少，就算同一個物件，在不同的拍次，狀況也經常不同。例如本來是不可點交，後來變成可點交，或者如本案例，第一拍可點交的範圍跟第二拍不同。其他也常出現狀況的，就是本來以為有車位，結果後來發現並不包含車位。要知道，許多人買賣房屋時會精打細算，裝潢維修一坪多少，或者每坪差價多少等。然而，當這類無法點交，甚至本來就不被包含在拍賣範圍的情事，往往一個誤判，就

代表損失一整個層樓，或者市價百萬以上的車位。

　　一開始沒做足功課，後果就會如此。

土地權益紛爭

　　在各種法拍發生的糾紛中，有一種也常常被忽略的，就是土地權狀。許多人以為，當我們購買房屋，「自然而然」也包含土地。實際上，建物產權跟土地產權是兩回事，分屬兩張權狀。

　　實際案例就曾遇過，有人看到某個法拍物件價格實在太便宜，比起同一社區的其他同性質房子，要便宜好幾百萬，實地去探勘也覺得物件本身不錯，就進場把屋子標下來。後來才知曉，他只取得地上物所有權，但不包含土地，將來也很難賣出去，讓這得標人欲哭無淚。

　　會發生這類情事，主要是年代較久的房子。可能早期年代，民眾法律常識較不充分，當時親友間互動也以信用為主不時興白紙黑字，結果遇到黑心的賣方，把房子賣給你，但土地卻縮水，本來應該給你十坪土地，減為五坪土地。這類人可能因此東偷西偷的，在不同交易中都偷點土地過來，讓自己變成大地主，但當時的人都沒發覺。到了現代，就算有人發現土地權狀有爭議，也因時代久遠難以追溯。

　　因此，我雖然見過各式各樣的法拍難題，也不怕承接

狀況較多的物件，但我不會去承接這類土地所有權有問題的法拍屋。

產權分割的糾紛

每年的法拍物件中，也包含各類產權不完整的物件，對新手來說，我們參與法拍，最好先從產權完整的物件著手。

有一種法拍物件叫變價分割物件，這類物件最典型的發生原因，就是源自於繼承，例如有三兄弟 ABC 共同繼承一間房子，這三兄弟都是「共有人」，而當共有人想針對共有物（包含土地或房子）進行處分，例如出售，其他共有人卻不同意或有異議時，就可聲請變價分割。以下舉兩種情況：

1. 假定 A 想要把房子賣掉，他就設法跟 BC 買下他們的持份，A 就可以掌握物件所有權。

2. 另一種情況就跟法拍屋有關了，假定三兄弟 ABC 中的 C，因為做生意失敗欠債無力償還，最終導致他的持份被法拍，因此持分被第三人 D（也就是法拍得標人）買走，而 AB 都沒有行使優先承購權。該得標人 D 順利取得持分產權，表示新的房屋持有人變成 ABD，而 D 可以跟另外兩個共有人 AB 協議買入或賣出，若無法達成共識，可以舉證跟法院聲請變價分割拍賣全部，最後拍賣結果有可能被第三人買走，於是 D 就賺取拍賣後的價差。

變價分割定義：共有物的分割，如果不能協議決定，可以訴請法院為裁判分割。法院做裁判分割的其中一種方式就是變價分割，係指法院裁判該共有物變賣，賣得的價金按應有部分的比例，分配給各個共有人。

在怎樣的情況下，法院會判決變價分割？

第一，會先考量共有人事先的協議。

例如原本共有人已有「不分割協議」，或原本共有人已有協議但分割不成，因為曾聲請調解，但調解不成立等。

第二、會考量該物件可否分割？

例如若共有物件是塊空地，那麼共有人還是可以部份分割。

根據以上考量，若法院裁決要變價分割，那原告就可以委託不動產估價師，就共有之不動產做成估價報告給法院審酌。以三兄弟 ABC 的案例來說，假定 C 因欠債導致他的持份被第三人 D 標走，並且 AB 沒有行使優先承購權，該得標人 D 就可以針對該物件提出變價分割聲請拍賣。

對一般投資人來說，這是需要更高的專業才能處理的狀況，所以才不建議新手投入。

各類法拍的應對進退環節

和一般房屋買賣比較，參與法拍屋的朋友，最特別需要自我訓練的一個環節，就是如何與人互動。

通常非法拍的物件，往往只需透過仲介做溝通，大部分折衝議價有賴仲介協調，購屋的各個環節，也都委由專業人士代勞。但投資法拍屋，從最開頭的探勘到後續的點交，都需要更多的應對進退技巧：

- 在看屋的階段，通常我們無法獲邀參觀物件，而必須懂得旁敲側擊了解資訊；包括要進入社區都可能不得其門而入，如何與在地鄰里長或住戶聊天探查訊息需要一定的技巧。

- 在競標的階段，也許一個物件參與者眾，包含可能一些看來勢在必得的在地關係人，或者經驗豐富的前輩，如何察言觀色、審時度勢，是門學問。

- 在法拍得標取得權利移轉證明書後，若是不可點交物件，那自然會有一定的挑戰要面對。就算是可點交物件，也通常無法輕鬆自然就可以交接。

無論如何，當最困難的法拍投資學習能讓自己磨練足夠的經驗，那麼幾乎可以說，我們就站穩了房地產投資市場，任何物件都難不倒我們。

與人交易的基本原則

　　法拍市場，不是一般買賣對接的交易，而是法律的債權處理流程，很少有這樣一開始，買賣雙方就處於類似敵對狀態的交易。單純就「房屋轉讓」這件事來說，的確，前任屋主和現任屋主，前者是「失去」、後者是「獲得」，前者的情緒很難平衡，畢竟，曾經這間房子也是他的榮耀，他的成就象徵。

　　然而，既然要投入法拍市場，這部分的交流是免不了的。基本的原則就是「對事不對人」，原屋主內心有情緒，感到悲傷甚至憤怒，這部分我們無法控制。但我們盡量保持心平氣和，表明自己並非和他站在對立面，真正和他有各種糾葛是他原本的債權人或金錢損失的關係人。我們身為承接者，已經是不相干的善意第三人，並且「就算不是我們得標，也會有其他人得標」，因此我們不該成為被出氣，甚至是被怨恨的對象。

　　一般人擔心投入法拍屋會面對的麻煩狀況之一，就是如果得標人「被怨恨」，乃至後來點交房子後，進屋一看屋內已被大肆破壞，那該怎麼辦？

　　這裡先就人性面來簡單問讀者一個問題，請問一個人破壞房屋對他有什麼好處？基本上沒有任何好處，唯一的目標就是對得標人洩憤。但是得標人只是無辜的第三者，雙方並

沒有結仇，實際上我也真的很少碰到這類極端狀況，甚至十年來，若以屋況被破壞這件事來說，我是一個案例也沒遇到。重點是，如何在雙方互動時，不要有情緒上的煽動，前面溝通得宜，後面就可以歡喜收場。

就現實面來說，當原屋主破壞房子，好比說弄壞馬桶，在搬出前他還住那裡，破壞馬桶倒楣的是他本人。若等他搬走前才破壞，先不談那有多麻煩，至少他這樣已經犯了刑事毀損罪，有百害而無一利。當然，針對那些已經自暴自棄對凡事都不在乎的極端失意者，處理過程依然要小心；我必須重申，這只是少數特例，如何應對需要技巧，同時也需要同理心。

理論上如此，實務上還需要市場經驗磨練。例如我二十多年的法拍經驗，自然遇過許許多多被法拍物件的苦主，他們有的走悲情路線，有的走怒吼路線，甚至有的走萬念俱灰路線等。但萬變不離其宗，我總是以誠意溝通，也盡可能在情理法之間做最佳調整，我的行事於法有據，我的溝通則要入情入理，所謂的「軟中帶硬，硬中帶軟」。這麼多年下來，可以說我並沒有碰到什麼真的很劇烈的爭議；相反地，我反倒還跟許多原本的苦主們變成朋友，有些人經過我的鼓勵，還真的打起精神，面對失敗，重新開始。有個經典案例就是他本來是屋子被法拍，曾經自暴自棄的人，現在卻已經努力找回人生正軌，後來也加入我的法拍投資團隊。

讓屋子淪為法拍的兩類狀況

本書 LEESON 2 曾經提過屋子淪為法拍的兩種情況，在此我們結合實例作進階說明。法拍市場上最常見的兩類法拍屋產生原因，其實都跟人性有關。

原屋主欠錢

為何說跟人性有關呢？筆者的經驗發現，很多時候，債權處理並不是無法處理，而是當事人不願面對。

本書傳授法拍屋投資知識的同時，也希望分享正確的理財觀念，我也會跟我的學員討論，如果他是那位房子被拍賣的當事人，他到底是哪一步做錯了呢？

舉例來說，曾經有個法拍物件，當時我們以 810 萬得標取得，原屋主的狀況是，長期積欠管理費未繳，另外也跟農會有借貸關係。然而事後我知曉，最終拍賣結束後，法院上有 580 萬可以分配給原屋主，也就是說原屋主其實不是那麼「沒錢」，他本來的債務只有大約三百多萬，只是他不願意面對難關，一味逃避，造成了大損失。

以該物件的市場行情來說，市值大約可達 1,500 萬，原屋主的確因為理財不當，導致連管理費都繳不出來。但正確的做法，應該好好分析自己的資產現況，然後當開始左支右

絀時，適時處理資產；例如找到優秀的仲介公司協助賣屋，就算屆時賣價不及市價，也不會淪落到法拍屋那樣的低價。

變價分割

在前一章，我們介紹產權糾紛爭議時，有提到變價分割，除了像是共有人其中一人因債務問題讓其持分淪為法拍外，另有一種情況就是，當共有人想針對共有物進行處分，其他共有人卻不同意時，可聲請變價分割。當法院也判決可以變價分割後，接著還有優先承購權的問題。

什麼是優先承購權？以三兄弟例子來說，法院將共有物變價分割，那共有物的全部或一部分將依規定，強制執行拍賣不動產程序。在此情況下，假定大哥是聲請變價分割者，那麼兩個弟弟在法拍流程進行後，擁有優先承購權。

所謂優先承購權，係指法律基於一定之目的，即第三人就出賣人出賣某物給買受人時，能以同一條件優先於原買受人而買受。

這裡直接以前述三兄弟案例來說明，也就是兩個弟弟擁有優先承購權。假定該共有物被變價分割，後來進入法拍流程，第一拍就有人得標，其金額是五百萬。那麼該得標人即使已經以最高價得標，仍不代表他可以取得該房子；因為還必須徵詢擁有優先承購權者的意向。以本案例來說，法院會詢問原物件的其他兩位原始共有人，也就是那兩個弟弟，有

沒有要行使優先承購權？

假定兩兄弟中任何一位，願意行使優先承購權，那原得標人不得異議，只能放棄該標案，領回保證金。而這位優先承購者，不需要再喊價也不得減價，就是依照原得標人的價格，也就是五百萬，正式取得房子。反之，若兩兄弟都無力或無意願行使該權利，那麼該原始得標者才能正式得標，取得權利移轉證書。

另外假定本例中的兩兄弟，都想行使優先承購權，最後就必須靠抽籤來決定。為避免這樣的情況，有可能兩兄弟之一，自己也擔任投標人，或委託自己信任的親友擔任投標人；也就是他也依照流程，和大家競標。若最終他得標，彼時就沒有優先承購權問題。當然，也許兩兄弟都有這樣想法，兩個後來都去參與競標，最終就還是以出價最高者得標。

破除法拍的種種迷思

　　天底下沒有甚麼投資是「穩賺」的，只有風險高或低的差別。法拍屋是個過程需要更高專業的投資方式，只要掌握各個環節的知識並累積經驗，長期來看，都可以帶給投資人滿意的報酬。重點必須採取穩紮穩打的腳步，從最初的勘查物件就要非常用心，甚至就算後來房子已經順利點交後，也不代表後續都不會有狀況；例如就有朋友，在裝潢階段判斷錯誤，找錯工班，帶來許多額外成本。當然，那已經非法拍屋交易範疇，而屬於一般房屋投資實務了。

　　本章，讓我們來認識一些可能帶來誤判的迷思，以及一些特殊狀況。

法拍迷思破解

拍次，沒有固定的規則

　　法拍屋可能從一開始就會以比市價低一定成數的價格推出，之後隨著拍數增加而價格越低，例如可能一拍約是市價

八折；例如市價 1,000 萬，法拍價 800 萬，二拍再八折，變成 640 萬。依此類推，拍數越多，競標底價越低。

但以上只是一種「參考」，雖然理論上每一拍次會比上一拍價格低，但實務上，有各種可能。畢竟，法拍的前提，就是法院要協助債權人藉由資產處置處理債務問題，也並非一定有個公式要求每一拍就是要打八折。其實會發生很多情況，例如物件本身情況變更（原債權人因價格太低介入），或者大環境變化（可能某地段有重大建設即將啟動），那麼，未必後來的拍次所訂的價格，就一定會比前一拍次低。

在法拍市場，以台北市來說，法拍很少遇到第四拍的情況，但實際上，也曾經有遇過一個物件竟然來到第十一拍。基本上，當一個物件到了第六拍，就代表本身條件真的很差，根本沒人想標，更何況是到第十一拍。然而，萬事無絕對，即便累積到如此多的拍次，當價格來到一個低點，還是有機會有人願意承接。

讀者要知道的一點，影響拍次的一大因素，就是債權人。身為債權人，他有權利跟法院申請拍賣條件內容變更，其結果有可能延緩拍賣或撤拍。筆者本身曾經幾次接觸過很想參與的物件，正準備進場，但後來案子撤拍了，之後該案就不再有下文，其原因多半是因為背後的債務問題已經處理了。

因此，我們投資法拍屋，看拍次不準，看市價比較重要。關於拍次，投標人要注意的：

a. 計算獲利比較重要，不要枯等拍次。

當評估法拍屋目前的拍賣行情，已經可以帶給自己足夠的獲利空間，那就可以參與。許多人都忘了，以為法拍屋就是等在那裡讓自己買；實際上，一個好物件，肯定有許多人會參與。若光坐等拍次越多價格越少，到頭來價格的確變低了，但永遠跟自己沒關係。因為，可能上一拍就被搶標走了。

b. 越低價越有獲利空間，但競標者不一定人人追低。

對所謂「勢在必得」者來說，當然也重視價格，但對他們而言，還是有比價格更重要的事，包含取回產權，或者讓家族住一起等考量。因此，他們在投標時願意用稍微高一點的價格參與，一般單純想追求低價者，可能就無法跟他們競爭。倒也不是鼓勵讀者，只要有「勢在必得」者與會，我們就退讓，那樣很多的標案都無法參加。實務經驗上，筆者就曾多次在這類場合得標，然後再轉手給這類原本「勢在必得」者，重點還是自己要「算得精」。

但是那些「勢在必得」者也有程度之分；例如某甲要競標的就是他自己原本的房子，只是這回改請親友出手，重點是取回房子，並且讓房子原本的抵押債權一筆勾銷。在這樣的前提下，他可能競標的價格很高，甚至跟市價差不多都在所不惜。這類的情況，我們當然也就不需要跟著被牽動，只要評估我們沒有獲利空間，就不是我們該投入的物件。

不點交，不是最大的難題，沒看懂公告，才是問題

對於新手來說，為了保守起見，通常都會建議選擇法拍物件時，就直接選取可點交者。雖然各縣市的狀況不同，但基本上，法拍市場上「不點交」物件並不少；因此，若經驗逐漸累積後，仍建議多元嘗試。「不點交」物件有一定挑戰性，但並非龍潭虎穴一般絕不可碰的程度。

很多法拍問題的發生都是因為最初功課沒做足，像是可點交的產權範圍；舉例來說，當開心以為自己買到好便宜的屋子，到頭來卻只買到半間，這樣後續售屋就會比較麻煩，畢竟，你不太可能之後在房屋交易市場拿半間房子出來賣。相較來說，不點交物件，雖感覺上比較麻煩，只要委託專業的法拍達人，這類原本對你而言是複雜的事，但對他來講，可能就不那麼複雜。

基本上，市場中委託法拍代操的行情，依複雜度而收費不同，有的人收取一定成數（可能收一成），也有只收多少趴數，總之無論如何，都是可以保證處理到好。

重點還是最一開始就選對你要的物件，也認清你是真的擁有全部產權，而非買到建坪但少了停車位，或買頂樓卻不包含頂加等狀況。

拍賣物件，是否就比較難賣出好價格？

在現在資訊透明的時代，有的法拍投資人會擔心，如果將來想將房子出售，買方一查資料就會發現這間房子當初是法拍屋，就會直接認定賣方當初取得價格比較低，因此會更堅持要殺價。

理論上沒錯，所以有些法拍業者，會強調房屋買來後，如何「漂白」；例如房子可能合夥標下，兩人共同擁有，當時謄本上註明的房子取得原因是：拍賣。但接著可能合夥人其中一方，再經過正常程序和另一方買下，這樣，謄本上後來註明的取得原因就變成是：正常買賣取得。

但最終，房子的價值，仍是基於需求，一個物件本身條件只要夠好，就不需要擔心沒有市場。除非一個人有很大的經濟壓力，否則也不需要當買方硬是提出很低的價格，我們就要接受。好比說，在一個得獎的優質社區，就唯有我這個物件在出售，就算有人想買本社區房子，再沒第二個選擇，那這個房子本身的條件就夠好，而不需要去管當初這個物件是不是法拍取得。

重點還是身為屋主，我們要沉得住氣，也要對自己的房子有信心。

如何判斷要不要殺價呢？關鍵還是在於審時度勢。舉例來說，某個物件，三個月才有一組人願意來看屋並議價，那樣的情況，自然不可一概而論。這表示當初選中的這物件條

件很不好，那也是當時自己做進場決定，判斷失準，自己必須承擔的風險。

被拍賣的屋主都是窮人嗎？

如同 LESSON 16 有舉過的案例，有人將房子法拍處置後，還有餘額數百萬， 他不是沒有錢，只是不懂得如何處理資產。

另還有一種狀況也很常見，就是原屋主因某種情況，「必須」讓房子出脫，例如多人繼承房地產或為人擔保。我曾經接觸過一個例子，某生意人因為好心幫朋友擔任保人，結果反倒被對方倒債所連累，背負龐大債務。為此，他讓房子被查封，然後再由其他親友標下，由於那時房子不在他名下了，也就不用擔心失去這間房子。

在競標場上，大部分的人都認為法拍屋的價格會跌到很低，但若以上述案例來說，因為那些親友勢在必得，務必要標回房子，所以在這樣的前提下，就有可能用很高的價格，甚至就跟市場行情差不多價錢來買回。

法拍屋市場是千變萬化的，有多樣的可能。若是我遇到上述的案例的情況，能事先知道有這樣的事件背景，我是不會去參與投標的，因為已經知道不可能用低價得標了。

相似的情況還有一個例子，王媽媽知道同一個社區的隔壁房子要被法拍，王媽媽為了想要讓自己妹妹搬來當她鄰居，

因此她對這個法拍物件有很高的意願承受，就算價格高些，反正低於市價都可以接受。這類的案子，其實也不少，經常我在法拍屋競標現場，看到投標人好像彼此都認識，還互相打招呼，才發現原來對方彼此都是鄰居。

最好只參與「可點交」的物件嗎？

富貴險中求，以我來說，我是各種類型的法拍物件都可以參與，因為以我豐富的法拍經驗，覺得看起來麻煩越大的物件，越有獲利空間。當然，對一般初入行的投資人來說，還是選擇比較安全保守些的為佳，一開始只做「可點交」物件比較好。另外一種處置方式，就是找到對的人代為投標，那也同樣可以享有投資的好處。

其實以我的經驗，這世上沒有「交不了的」房屋，每個房屋背後都有故事，只要願意花功夫去了解，就能夠找到切入的點，讓事情更圓滿解決。

舉例來說，我曾經標到一個物件，那是一般人避之唯恐不及的「產權不完整」物件，一整棟五層樓的法拍標的。標到後，我只能點交其中的一層樓及部分樓層房間，其他無法點交的，都是因為「保障合理佔用人」（也就是租客）而無法點交。

這案子，其實是做弟弟的人不擅理財，因為賭博等因素，把房子抵押賠掉。但他的姐姐很有錢也很懂法律，還自己經營一家保經公司，於是就預先開立假租約，把房子租給自己

177

的家人，造成不能點交的現況。

然而因為價格夠低，我依然標下這物件，且我不怕麻煩，甚至還很開心的和姐姐他們說：「很高興現在我們成為一家人。」既然是假租約，姐姐他們當然沒有真的要住在這，我當時一入住，她們即刻搬走。但只要租約在，房子就不能點交。這我也不擔心，既有租約，我就來當現成房東也很好。她可以不住這裡，但房租要照繳。

隔月我們去保經公司拜訪姐姐，也順便收租，同時禮貌請教房子的事。我們的行為都合法，反倒對方是假租約侵佔，後來姐姐那邊自知理虧，最終跟我們談好一個價碼，就把房子整個還給我們。

總之，不要怕麻煩，這類案件競爭者少，反倒會是獲利的所在。

其他特殊案例

棄標與交易撤回

法拍屋可以棄標嗎？當然可以，但保證金可能就無法拿回。所謂棄標，就是得標人依法必須履行承接程序，但後來卻因為資金問題，或純粹自身反悔，最終選擇棄標。基本上在選擇棄標時，就要有心理準備，保證金將被沒收（那可是筆不小的金額，例如法拍底價是一千萬，那保證金就要兩百

萬）。但保證金還是有機會可以拿回來，關鍵在於，當法院重啟法拍投標時，下一回再標出的金額是否大於該保證金。

無論如何，會選擇棄標，應該是不得已的決定，但交易撤回是另一種概念，就是發生了嚴重影響後續交易的情事，讓得標人有理由不想承接本標案。

一個真實案例發生在筆者的一個朋友身上，他曾經標過一個物件，當初勘察環境以及評估市場價格都沒問題，該屋是可點交之物件，感覺上整個法拍過程也很平順，但沒想到，後來開鎖進屋巡視後，赫然發現在地下室有具乾屍。雖然有屍體不代表一定是凶宅（要非自然死亡才會被認定是凶宅），可是誰希望自己買到的房子裡頭，竟然有屍體呢？因此，那個朋友就跟法院申請交易撤回。

那次的交易撤回是成功的，但這並非通則。因為正常流程，得標人已經取得權利移轉書，也完成了尾款繳納程序，法拍後取得的資金，不是給法院的，而是交給債權人。以本案例來說，那筆錢已經匯入債權銀行；也就是說，法院還得花時間及功夫，跟債權銀行協商，把已經收進口袋的錢再吐回來。好在債權銀行方面，願意退回資金，而得標人也是因為主張當初法院沒事先公告有這種情形，因此有撤回的理由，也不需要扣保證金。但若是該債權銀行就是不願退回款項，那交易撤回就無法成立。

當然，這種情況非常罕見，筆者二十年來也僅聽過這麼一次乾屍案例，故一般投標人不需特別擔心。

同樣地點，不一定同樣價格

投資法拍屋的一大重點，就是要賺取差價，或者以自住者角度，至少要以最低成本取得。因此，一開始判斷物件市價時，就要非常謹慎。

有時候，我們會被表象所誤導；例如，同一個社區，甲棟某戶三房兩廳物件價格 1,000 萬，以為同理，位在同社區的乙棟，大約也是這個價格。然而，事實上，在各個城市鄉鎮都有這類的情況，那就是同社區不同地址，甚至屬於不同區段，價格真的會不一樣。若沒仔細做功課，就直接以隔壁社區的價格做依據，往往會造成結果失準。

舉例來說，某個社區可能位在兩條路之交界處，該地的住戶，有的門牌號碼是中山路 XX 號，是該區主要道路，另一邊的門牌是較小的區域小路 XX 號。但就算有兩戶走路相隔不到一分鐘，即使位在同社區，中山路 XX 號的那戶價格肯定高於小路 XX 號。此外，在交界的地方，好比說台北市內湖區跟南港交界，那裡的房子也可能明明就在隔壁，卻一個屬於南港區一個屬於內湖區，這樣價格也會不同。

說到不同區段，價格還得看現在與未來，例如前面說的內湖與南港，在十年前可能內湖區的物件較值錢，但隨著南港區逐步發展，後來南港區的房價卻已經超越內湖區。凡此種種，沒有一定的規律，重點在於勘探物件時，第一要仔細地分辨資料，第二若有可能，要主動去關心每個區域是否有什麼都市計畫，如此才能保障自己的投資，更有前景。

結語

結合理論與實務，一起來翻轉人生。

投入法拍屋市場這麼多年以來，我親身參與跟法拍投資相關的每一個大大小小環節，足跡踏遍台灣南北不同都市，也總是站在第一線，見證及處理各種法拍現場交易流程或特殊狀況。這樣的我，絕對可以說是身經百戰；但這樣的我，也自認還在學習中。

因為大小環境都在變，包含市場情況在變、房屋交易及稅務相關法規在變，也包含針對每一個個案，投資人自身的資金實力及需求不同，法拍物件原屋主或相關債權人的背景不同等，可說是每遇到一百個物件，就有超過一百種狀況，沒有兩個投資物件情況是相同的，這也是投資法拍屋的一種樂趣。

當我們經歷過物件評估、參與競標以及後續點交或不點交的種種挑戰流程後，最終成功取得了物件，用鑰匙打開門看看如今屬於自己名下的資產，那種內心的興奮心情，相信是一般中古屋或預售屋物件買賣難以比擬的。

雖說每個法拍投資個案都不同，但所有的法拍屋投資背後又有共通的規則及道理，所以我們必須認真學習法拍投資理論。

但這世上最佳的學習方式，絕對是豐富的實戰經驗，真

正去探勘物件、與人交談、寫標單投標，還有正式點交房子那種經驗。若只是關起門來學習好幾小時，無法取代親自站在第一線的實際感受。

理論與實務都要兼顧，特別像是房地產投資動輒是百萬千萬的金額，而法拍屋投資又有更多的竅門以及各式各樣的狀況；也因此，如果沒有充分的事前學習，就容易在法拍市場上吃虧。即使是上課學習很多，若沒有親自去做各環節操作，也難以將知識真正化成實務。

在本書，我們以深入淺出的方式，帶領讀者認識法拍屋的基本投資觀念，也用文字跑了一遍從最初上網尋找物件，到最終取得物件正式可以開鎖進入投資標的物件的整套流程。但所有的理論，還是需要靠你的雙手與雙腿，花點功夫，去真正實做。

我們每個月不間斷的，在台灣北中南都有安排法拍實戰班課程，一年四季我們的投資團隊也都緊密關心各城市的法拍市場動態，勤勞不懈地勘查物件、評估物件以及正式進場投資物件。這幾年下來曾經來我們課堂學習的學員，加起來也已上千人，他們許多人也都真正地透過法拍屋投資，翻轉了他們的人生。

此外於本書我們分享：一個「小資族」如何靠房地產知識，也能投資法拍屋致富的訣竅跟方法；就是說你不需要是很有錢的人，也可以參與這項投資。

在台灣有關不動產的規定，房地產是能共同持有登記的，購買一間房子是可以兩三個人共同持有，包括標法拍屋

也是一樣，可以兩人三人甚至五人以上共同投標；以其中一個人名字來標，或共同出資但登記在其中一個人名下。這部分我們可以做債權合約設定，採用共同設定的方式投資，這是可行的。

如果今天我們有心理財，想要讓本金變大，先將手中有的錢拿去投資，必須要找到很好的標的，方法就是要找到法拍屋或是很便宜的物件。此時若自己資金不足，也不要讓好機會變成遺憾，可以找幾個好朋友組一個 team，藉由跟老師學習，在案子進行過程中，就能學習到整個案子從頭到尾的操作流程。

等大家共同買到喜歡的物件後，接著是共同出租，讓資產帶來收益現金流，甚至未來賣掉，還會變成共同獲利。而在每次這樣投資兼學習過程中，我們的經驗跟能力也會越來越強。經過這樣學習，可以讓每次獲利本金超過年報酬20％，依照經驗，這絕對是可以做到的。

有了年報酬20%的投報，就可以讓本金不斷變大，當然，更多的學習，歡迎來參加實戰教學分享會。在本書的最後，也會有分享會體驗招待券，歡迎大家一起來參加。

期待這本書讓大家都能夠學習到你想要知道的知識，最大重點還是實際的操作。在實際操作前，建議一定要來聽完完整的實際課程，這樣會更加安全。謝謝大家。

想要了解更多的法拍屋投資資訊，以及由我本人及所屬經營團隊親自帶領您做法拍屋實戰，歡迎點閱我們的臉書 https://www.facebook.com/3triplewin/，以及在 https://www.3triplewin.com 活動官網，查詢最新的上課資訊。

參與吳董法拍實戰班
學員見證分享

跟著吳董投資準沒錯

分享人：李章平

認識吳鴻暉董事長，是 108 年 7 月，那時我本來就在找投資標的，因為當時手中有一筆錢，原本想拿去繳清手邊的一筆信貸，聽了朋友建言，與其把這資金拿去還債，不如選擇投報率高的投資物件，因此朋友推薦法拍屋是個可以嘗試的選項。經由他引介加入一個法拍屋群組，留意到有喜歡的物件，但畢竟我對這領域不熟，不知道如何做投資，朋友就推薦我說：「若想標房子，找吳董就對了。」

開始參予吳董課程

所以一開始我是以委託人身分認識吳董的，那時還不知道吳董這邊有那麼專業的課程，只是以投資角度想找專家協助而已。

吳董給我的第一眼印象是他人很客氣，甚至讓我覺得有點憨厚，總之，就是我可以信任他的感覺。初次合作，那個法拍屋物件底價是五百萬，吳董以他專業的建議及敏感度，

建議我應該出價五百五十萬。但當時的我只把他的意見當參考，認為我應該只要比底價高一些就可以標到，而吳董這個人也很客氣很尊重客戶，他會提建議但不會強制客戶要照他的建議。那一次我就自己作主用五百一十萬投標，結果就是沒拿到這個標。

此後我就知道，該相信專業的，就還是應該聽專業的。

也就是那一回親身參與法拍，知曉這其中會有很多學問，當我知道原來吳董有常態開設法拍學習課程，就立刻去報名。先是聽了說明會課程，聽完就立刻決定要加入法拍實戰班，正式成為吳董的學生。

以學員編號來說，我算排名前面的，那時吳董才剛開課沒幾個月，每次上課人數大約七、八人，後來隨著有越來越多人知道吳董的專業，在口耳相傳之下，來上課的人數越來越多，每場都有超過二十位達到滿座狀態。

而我自身也藉由經常複訓，每次都覺得獲益良多，也更堅信法拍屋是一個很不錯的投資工具。當然重點還是要跟到對的人學習；吳董的教學方式十分平易近人、深入淺出，他是我這些年來所上課程中，教學方式最讓我欣賞的。

實際標到汐止房子

學然後知不足，吳董為我開啟一片投資的新天空。而所謂「學不足以修己治人，則為無用之學」，我在上了幾次課後，又想開始化學習為行動，因為有了吳董這位法拍專家做我的後盾，讓我無後顧之憂。

108 年 11 月，我透過司法院法拍屋查詢系統找到一個位於新北汐止的物件，我想自己從頭到尾實際操作，以應證上課所學，一步一步做好這回的投資。

過程中有任何的疑問，或是法拍每個環節該注意什麼？我都會即時向吳董請教，不論我問多少問題，吳董總是很親切、很有耐心的給我解答。甚至他怕我漏問重要問題，也會針對我原本的提問，提供更全面的說明。

就這樣我依照法院公告的時間去現場投標，這一回出手，我就得標了！那是間可點交的房子，當時是二拍，位於汐止福德一路。有查詢過依照那間房子所在區域及房屋格局等資訊，市價大約七百五十萬，該拍次底標是五百四十一萬，我則是在吳董專業建議下以五百八十幾萬標到。

在參加法拍屋競標前，我有去銀行做過確認，了解自己的信用狀況，以及可否做法拍屋貸款，得到確認的回覆後，競標當天自備了兩成保證金參加競標。一確認得標後，我也立刻跟銀行聯繫，後續流程很順利的進行著，全程若有任何

疑問，也都有吳董做我最專業的軍師。

雖然這間是可點交物件，但實務上也有一些要跑的流程，我也透過上課學習到的知識，每個環節踏實的去做。在取得權利移轉證書後，就到汐止物件現場去貼公告，做了主權聲明。

當天也去拜訪總幹事，還沒開口對方就已經知道我是誰，和我握手說：「您是李先生嗎？」我和總幹事談之前屋主積欠管理費的事，先即刻處理最近兩個月的管理費。至於過往的欠款，原本超過五萬，也在經過協商後，用三萬五千一次結清所有前屋主所有積欠，拿回厚厚一疊收據。

之後要繼續跑法拍點交流程，我也都依照法院的規定辦理。這中間有一個特殊狀況，有天總幹事跟我聯絡，他說原屋主已經搬走了並且把鑰匙留下來了，這是代表我可以提前點交了嗎？我於是立刻聯繫吳董。

吳董以他的專業經驗告訴我，還是小心為上，他建議既然已經送件申請法院點交，也訂了第一次點交日期，中間也差不到一個月，就還是等法院來點交吧！於是我就先把鑰匙放回總幹事那。

等正式點交那天，有法院書記官做見證，我們這才持鑰匙開門進屋，確認屋子內真的大致清空只剩一些雜物，依規定拍了照片，這樣房子就算正式點交完成。

這回親身參與法拍實務的過程，有點緊張、有點興奮，感恩吳董法拍實戰班給予我夠專業的底氣，自己這樣真正實做一回的感覺很好。

獨資合資都獲利

我知道很多人都聽過法拍屋，但聽過跟「敢做」間可能有段距離，如今我已經可以用平常心來面對這樣的投資。我除了自己獨資法拍屋物件外，也積極參予吳董團隊招募的集資專案，投報率我都很滿意。

以我第一次自己參與競標成功的汐止法拍屋物件來說，我是出價五百八十幾萬取得，當時只能貸款四百六十幾萬，自己要準備一筆自備款。但隔年我再將房子轉貸，這回就可以貸款六百多萬，等於我原本的出資部份也都可以收回，我這算是零成本投資，日後我不論收租或出售，都是淨投報的概念。

如今這房子我每月要負擔的利息只有不到八千元，我每月收到的租金遠遠大於此，是個淨收入。

這裡也和讀者分享一下我學習到的投資財商，我最初就是把要還信貸的錢拿來做法拍屋投資，甚至我在評估投資效益後，還把我的信貸額度用滿，讓手頭有更多現金做投資。

有朋友問我，借錢好嗎？信貸不是利息很高？划算嗎？

但真的划算？其實信貸利率也沒有很高，特別是相對於投資報酬來看，真的差距很大。就假定以比較誇張的例子來說，若信貸的利息是 10%，可是我們法拍投報率超過 20%，那你要不要投資？當然要，若有可能就把所有 10% 的借貸額度用滿來換取 20%，何況實際上信貸利率沒那麼高，可是正確的法拍屋投報率遠遠高過 20%。

而在合資的部分，我參予吳董團隊的法拍案件超過十間。吳董的資訊都會公開透明，清楚告訴我們預計投資哪個標的物件？屋況如何？預計集資多少錢？打算分成幾股等。比如說要集資四百萬，分成二十股，一股二十萬，有興趣的就來參予。

我也就選擇我有興趣的少則加入一股，最多也有投入五股的，標的的範圍也不限大台北，我北中南都有興趣，我相信吳董推薦的物件，一定是好物件。

這些案件中，例如有間 108 年 10 月集資標到，地點在台北市南港，到 109 年 8 月已經賣掉，結算後也正式依比例分配利潤，錢匯到戶頭。以投報率來說，有超過 30%。

類似這樣的物件，不論物件後來採取出租或出售形式，我都相信吳董的專業。而且吳董做人真的很令人佩服，例如曾經碰到有一個法拍物件，過程中吳董發現有不對勁，本來想棄標，但當天法院書記官竟然說不准棄標。對於這個案件，

吳董為了保障我們集資人的權益，他把我們的費用都退回，由他自己一個人來承擔那個法拍物件，也令大家感受到吳董磊落的人格。

我很感恩因為認識吳董，讓我有了一個可以終身投入的好投資工具，我也很喜歡吳董的實戰班，這是個專業學習的好團隊，除了上課時間可以問問題，其他時間吳董及團隊成員也都不吝於為你提供問題解答。而我自己也因為算是學員元老，若群組中有問題我可以協助解答的，我也願意分享我的答案。

如今我不僅靠著跟著吳董投資，每年為自己增加許多收入，我也不忘「好康道相報，肥水不落外人田」，我的家人也紛紛加入吳董的法拍投資團隊，一起有效率的累積財富。

因為信任吳董，願意追隨吳董，我也加入吳董所創事業頂贏國際的增資計畫，總之跟著他準沒錯。

吳董是零負評的法拍達人

分享人：蘇鼎文

我自己創業開公司當老闆，長期以來也關心各類投資工具，包含股票、生意機會、還有法拍屋等各類投資，我也都曾嘗試。

以法拍屋來說，大約十多年前，我也曾經參與過幾次，當時我選的標的在台南。在當時那個年代，台南地區的房價還是較低，我選擇的法拍物件價格大約只有一兩百萬左右，那時也是委託代標人幫忙處理，大致上也都是獲利的。只不過這類的投資，代標人只是幫你進場投標，各項的基本作業包含場勘及各類評估還有跑流程，都還是要靠自己，花了很多時間及功夫，雖有獲利但感覺投報率還好，後來因為忙事業，就沒再去碰法拍屋。

直到後來有機緣認識吳董。

台北市靠近捷運站的物件

也算上天安排，已經那麼多年沒接觸法拍屋了，那天不

知為何得閒隨意逛臉書，熟悉的字眼「法拍屋」出現，勾起了我從前的回憶。那個臉書有提供吳老師的課程簡介，報名費只要 100 元，我就立即網路上填寫報名加入了。因此第一次和吳董見面就是在課堂上。

那是 109 年 3 月的事，我才上一次課，四月就迫不及待的要去市場實踐，當時就準備進場投資法拍屋，天天上網去找物件。

五月時我依照上課學到的注意事項，自己去司法院法拍屋查詢網站找物件，一找到我喜歡的物件，我就直接聯繫吳董，我要委請他當代標人，也和他簽下合約書。

我是後來才知道，原來那個物件本來吳董就有注意到，並且他本身已經打算要去競標，但既然身為學員的我已經提出需求，他就決定讓賢，改為幫我代標。

那個物件位在台北市大安區和平東路，是在捷運麟光站附近，並且是位在二樓，我當時搜尋物件時就有種怦然心動的感覺，很希望取得這個物件。

記得很清楚那天是 5 月 7 日，我夢想成真，標到了那間位在台北市捷運站的物件，這房子是可點交物件，市價超過一千五百萬，而我以一千一百萬左右的價格標到。

以法拍流程來說，這物件真的比較單純，沒有碰到什麼特別狀況，何況還有吳董這麼專業的老師指導，所以點交物

件沒問題，比較麻煩的是後續整個屋子的裝修。那是屋齡超過四十年的老舊公寓，我想要讓它麻雀變鳳凰大翻身，因此花了很多時間在裝潢的部分，光這部份來來回回和設計師、裝潢師傅就討論了很久。最終以大約一百萬的預算，把這屋子從裡到外大大地改頭換面，我是十月才開始裝修的，直到110年1月才竣工。

以投報率來看是很不錯的，我取得的成本是一千一百多萬，裝修成本約一百萬，但最後我以一千六百萬賣出。

扣除掉種種雜支，最後淨獲利還有約三百萬，我很滿意。

覺得法拍屋投資真的是很不錯的投資選擇。

值得信任的投資

十多年前我曾投資法拍屋，那時是找代標公司，現在我投資法拍屋，也是找代標專業。有什麼差別呢？

其實差別很大，以前找代標公司，對方就只是一項一手交錢、一手交貨的服務，就接受你委託辦理事情的概念。但吳董和他的專業，卻是引領你進入一個安全有保障的合作模式，他不是你的代標人，他是你的老師。後來你還會覺得他真的像是你的朋友，他會為你著想，讓你投資感到安心。

吳董的法拍投資，提供了六大保證。以前我委託代標人，

但其實很多事還是得自己做，如今有了吳董這樣專業的法拍達人協助，許多事都輕鬆不少。特別是我知道很多人最在意的環節，就是法拍如何點交順利取得這段，這更是吳董的專業，感覺上只要吳董在，事情就肯定會順利沒問題。

我的主力放在獨資的專案，也很高興近年來的第一次法拍屋投資成果就那麼好，我接著還想要積極進行下一次投資，只因後來碰上新冠肺炎疫情暫緩。但疫情終會過去，我有信心可以在法拍投資領域得到更多好的回報。

除了獨資外，我也參加合資的專案，限於經費目前我只參加過一件，那是台北市南港區的一個案子，已經標到，目前還在流程進行中。關於未來的規劃，吳董也都會清楚分析，包括是要出售或是出租，遊戲規則都清楚，吳董也會告知投資人，如果有些投資人不想要等太久，想先下車，他也可以先針對這部分結清。

總之，吳董做人做事都心胸開放，讓人放心，而且他超有包容力的；例如我身為實戰班學員，看到吳董旗下那麼多學生，難免也會碰到有學生提出奇怪意見，或可能溝通方式比較不那麼親和的，但吳董總是和氣待人，對於不同的意見，也都願意尊重，若有參考價值也會表達感恩並據以修改原本做法。他就是個很有氣度、很有格局的企業家。

如同吳董經常掛在口邊的一句話：「你們可以上網去查，我是個零負評的人。」他真的是如此，我很榮幸認識吳董，成為他團隊的一員。

從中台灣到北台灣投資法拍屋

分享人：張智皓

一開始接觸法拍屋，緣於我本身的行業，我是鋁門窗裝修業者。原本工作就是每天與房屋為伍，這樣的我也很早就參予了各類房屋投資；例如也曾跟朋友合作，一起將老屋重新裝修，再以好的賣相出售獲利。但過往沒特別投資法拍屋，因為這不只是靠裝修提升房屋價值就好，背後還有很多學問。

要學就要找最專業的人，因此才有機會認識吳董。

新手就立刻出手

我本身是南投人，在台灣中部學習資源相對台北要少，109 年我先是在網路上查詢到吳鴻暉這位專業法拍達人，後來又聽聞他有全台巡迴上課，包括那一次剛好有個課程在台中開設，我立刻報名參加，先參加說明會，後來就正式加入實戰班。

從一聽到吳董上台講話開始，我心中就認定，學法拍屋跟著這個人就對了。而我性子也算比較急，上第一次課後就

想親自下海做做看，也照個上課所教開始去找有興趣的物件。

　　第一次上課是在台中，不久我就找到想要投資的物件，接著就趕快報名第二次課，這回是在台北上課，我就剛好把我手中正想進行的物件，結合上課內容，像是怎麼計算投標金額，怎麼寫相關投標文件等。上課既是複習，也是實務即時對照，不過那時我選的幾個物件，我是自己去投標的，幾次都沒標到。

　　我後來第一個標到的案件卻是不點交物件，我當時比較安心的是，要去法院投標時，也剛好那天吳董在現場有其他標案要競標，他承諾會全力幫我，有吳董在我就等於吃了定心丸。因為那回的案件，是屬於困難度較高的不點交物件，屋內有人佔有，如果沒有吳董協助我自己是沒把握處理的。

　　那個物件在新北市新店區，我自己雖是中部人，但以投資的角度，只要在吳董帶領下，全台都可以投資。最早前也曾將主力放在離自家比較近的台中，但並沒有找到好的標的，這回新店的這個物件，我覺得地點很好，若能順利標到，我相信會有不錯的投報率。

　　當然，以我這樣的新手，且又不是本地人，竟然敢出手選擇不點交物件，吳董說我很敢，我則說，有吳董在所以我就很放心。

　　也的確，有吳董在，他會把事情處理得好好的。

投資要跟著正派的人

我是 109 年 4 月標到那個物件的，六月就交屋了。

這個物件是我自己去場勘、去現場做種種了解，因為我喜歡把上課所學的東西，即刻應用在現場。

包括如何計算成本、如何預估獲利，我覺得吳董課堂都講得很好，我自己計算都沒問題，後來也真的如同我所計算的一般。

真的要感謝吳董的，就是他協助我處理房子被佔用的狀況。其實我們看當時佔用人是比較弱勢的朋友，以租金每月一萬租用，我們就和佔用人協調，可以減免兩個月租金，也就是對方能夠免費住兩個月，讓他們有時間去找其他房子。也因為這樣的處理方式，我們不需額外再付搬遷費。

這房子的後續，經過整理後，變得很漂亮，那時原佔有人九月才搬走，很快就有人來看房子，因為房地合一稅問題，所以我不打算立刻賣，而是採出租的方式。

我後來以每月 27,000 元把房子租出去，租金遠遠大過於每月要繳的房貸。而以房價市值來看，當初我用 936 萬標到，目前查市值超過 1,200 萬，且位於捷運附近，未來行情更為看好。

對於這項投資，我非常有信心。

而有了這次的投資經驗後，我自然願意多跟著吳董學習，參與更多的法拍物件，地點也不限制，包括桃園或南部的物件，我都不排斥。

另外我也有參與吳董團隊集資標屋的部分，我們都很信任吳董的專業，他絕不會浮濫地參與法拍標案，他每次出手都是經過專業評估，這包括他要考慮大家的利潤。吳董做人很誠信，他必須確認參予集資的股東們，都有一定的獲利才會進場，因此案件雖不那麼頻繁，卻都是很棒的投資案。

很多案件還在進行中，但也有明確結案的，例如 109 年底位於台北市民權東路的物件已經結案，利潤分配給股東，也有相當的投報率 。

我目前的計畫，也就是在有限的資金下，適度地分配到獨資及集資的法拍標地案件。

總之，投資選擇跟著吳董就是沒錯，他很熱心很專業，並且他很正派，投資就是要選擇跟著正派的專家，那就對了。

連剛回國的華僑也稱讚的 法拍專業投資

分享人：牛玉平

以房地產投資領域來說，我的情況比較特殊。一方面我的房地產投資經驗很多，自己家人經營房地產市場超過十年，我本身甚至還將房地產投資拓展到東南亞地區；另一方面我其實對於台灣房地產反而比較不熟悉，身為歸國華僑的我，根本連台北市路況都不熟。

結合這兩種相反的投資狀況，我處在既熟悉又不熟悉之間，這樣的我如何參與台灣法拍屋投資呢？還好我認識了專業法拍達人吳鴻暉。有了他的專業及熱誠，加上我本身的投資底子，那樣我再來投資台灣法拍屋就真的完美了。

歸國華人如何投資房地產？

我出身在台灣，也在台灣度過成長歲月，然而後來我嫁到海外，這一離開就超過 30 年，包含美國及東南亞地區我都住過，光是在美國就住了 20 年。乃至於後來我回國定居時，我甚至分不清楚台北市有哪些區。

先生是企業家，我自身則是專業護理師，2018 年因為想到爸媽年紀都已經很大了，想回台灣陪他們，因此帶著兩個兒子回來。一回國首先碰到的就是職涯問題，包含我自己和兩個兒子都是，我自己因為護理經歷都在海外，不熟悉台灣護理環境，空有專長但無用武之地，兩個兒子也是大學剛畢業，長期居住海外初回台連中文都講不好，很難找工作。就這樣，似乎家裡三個成人都像是無業遊民。

同時間我的親哥哥，他也正好面臨退休，他長期從事房仲業，資歷很夠，但屆退年齡若說就這樣真的離開職場似乎也有點可惜。於是經過家族會議討論，我們鼓勵哥哥再創事業第二春，創業開設房仲公司，而我和兩個兒子都是基本成員，這樣一下子我們四個人都有了正職工作。

就這樣我們在台灣經營起房地產，但老實說，台灣房地產部分我還在「認路」階段，主力還是我哥哥；兩個兒子則將事業焦點放到海外，他們開始做起東南亞房地產投資，也逐步做出一番成績。

那老媽媽我呢？總得做點事吧！於是我花比較多時間在投資理財，既然我在房仲公司服務，所以非常關注房地產投資。這時候就會發現，當海外房地產投資投報率可以超過七八趴，台灣房市我評估卻只有兩三趴，對我來說誘因不大。除非，有辦法取得超地價物件，那才有利潤空間。

哪裡有超低價物件呢？這種事本就可遇不可求，要能比市場價低 20% 以上才比較有利潤空間，但市場上就算有人缺錢急售屋，也不太可能砍價砍到超過市價 20%。就是在那

樣子的房地產研究過程中，我才留意到，的確還是有辦法取得低於市價 20% 的房子，那種投資標叫做法拍屋。

我是因此開始想學習這領域的投資，也在蒐集相關資訊中得知，想投資法拍屋，人們最推薦的是吳鴻暉老師。於是我主動去找他的相關訊息，也去參加他的說明會，聽課當天我就決定報名他的實戰班。

下定決心投資法拍屋

雖然自己的哥哥在經營房屋仲介事業，但我是 2019 年才開始關注台灣法拍屋市場，在那之前我唯一跟法拍比較相關的資歷，是當年我在美國的一間房子是間銀拍屋，不過那其實和法拍投資概念還是不一樣。

關於法拍屋，初始我自己在研究這個市場時也聽聞許多負面的傳聞，像是妳心臟要夠強才能參與法拍屋市場，還有種種聽來可怕的案例。然而聽說歸聽說，我還是想學正統的法拍屋知識，而在吳董這邊我真的學習到很多。

其實我本身因為家中事業忙碌，且當初回國的主要目的是要照顧家中長輩，所以我雖報名了吳董的課程，但連第一次上課都無法全勤，我有大半時間都請假無法聽課。後來是有去複訓，也是一邊忙自己事情，一邊上課聽聽資訊，只學到基本概念，細節部分依然很多一知半解。

雖然忙碌，但至少我還是懂得要常常複訓，一次不懂兩次不懂，但聽多了終於還是累積了相當的法拍屋知識。吳董本身就教得很好，加上上課時會有同學提問，從那些問題中我也繼續學習，對法拍屋更加有體會。不過基本上我從報名吳董的課開始，有超過半年時間沒有辦法真正的投入，特別是後面兩三個月幾乎都沒有再出現。

　　直到有一天我剛好有空去參加了吳董的法拍屋活動，吳董看到我，半開玩笑的說，妳失蹤好久喔！妳真的對法拍屋有興趣嗎？一句話驚醒夢中人，我於是下定決心，這回要好好的學習法拍屋投資，不只要學，我還要真正參與實戰。

　　相信後來吳董也看出我這回是認真的。我有多認真呢？我跟兩個兒子設定目標，每周至少要看五間房子，不只是看看而已，我們結合吳董所教的法拍屋知識，用心做了檢核報表，我們找的物件都列出市場調查數字，表格內也包括坪數及市價等等基本數據。因為我相信數字會說話，別人說什麼會賺會賠都只是參考，要透過數字分析計算才能得到你想要的真正答案，過程中我一遇到問題就跟吳董請教。

　　這樣踏實的我，終於開始夠格去投資法拍屋了。

學習後有真正收穫

　　其實對我來說，2019 年下半年後積極的每周去找物件，

還有一個很大的學習目的，就是讓自己認識台北市的路。我們找物件是很認真的，會先透過吳董課程中有教導的方法，結合一些法拍資訊網做第一輪的物件篩選，從中挑出幾十個物件後，在精選出十個，經過評估再將數量縮減。過程中，我們會實地去做勘查，依照吳董上課說的，雖然法拍屋無法看屋況，但可以到房屋現場附近透過一些方法取得情資，我會去跟街坊鄰居聊天，去附近走走逛逛開口問有關嫌惡設施以及凶宅等問題。幾乎可以說，我那段時間，真的就是把吳董課堂教導的東西，學以致用的落實。

說是學習，還真的就是學習，我們雖看了很多物件，但都沒有真正進場，都只是做功課的概念。最終我真正進場，還是選擇參加吳董選出的投資物件。吳董本身就是法拍專業，他會找到經過他評估不錯的物件，然後開放學員集資參與投資。一方面學員可以分散風險，一方面也的確有些學員手中資金不多，集資型的物件正好適合他們。

我在 2020 年就開始參加這類的集資物件，我的孩子後來也有參與，大約都是參加一股二十萬的那種，而如果後來法拍物件沒標到，二十萬也會繼續放著等待下次機會。我覺得像我們這樣子經驗不足的學生，真的透過這樣方式讓風險大幅減少。

就像我最近有參加台北市北投的一個法拍標案，那個案子就有得標，這物件目前正在進行處理程序中。

我也很高興，從過往超過半年認真的學習經驗裡，如今

我不再是人云亦云式的跟風投資，而是我針對每個投資物件都能做出相關的評估分析，這都要感恩吳董的認真教學。

再之後我更是自己真正獨資標到一個點交物件，位在忠孝東路五段近台北精華區，我們事前就有做了充分的功課，我們有信心後續獲利空間可以超過三百萬。雖然因為新冠肺炎疫情，點交流程暫時停止，但疫情終會過去，我對未來充滿信心。

此外其他集資物件也繼續參與，在文山區興隆路也有成功標到的物件。

最後想要跟讀者分享的，法拍屋投資雖然有相當利潤空間，但前提是必須有一定專業，畢竟法拍包含許多環節，如果一個人太過自信而在任何一個環節有了疏忽，那麼獲利可能大減甚至變成投資失利。因此我還是要真心的推薦，要上像吳董所開設這樣專業的課程，比較有保障。吳董這個人，有豐富專業，卻又超級有親和力，身為企業集團老闆，卻一點架子也沒有。他非常親民接地氣，對於像我這種當初加入時是個法拍屋小白，當時也常問一些比較笨的問題，他都依然很有耐心地跟你一一回覆，他人真的很好。但親切歸親切，課堂上若講到很重要的地方，他也會用嚴肅的語氣告訴你一定不能搞錯，要真正學起來。

任何人不要想著法拍不是很簡單嗎？反正報價比底價高就好，千萬不要半瓶醋響叮噹，投資法拍屋前先來上專業課程才是正確選擇。

不只學習知識也要懂得實務

分享人：蔡岱樺

提起法拍屋，我倒是一點也不陌生，我的家族是做貿易出身的，祖輩一代就已在做進出口的生意，也常參與各項投資。當我還是小女孩的年代，整天聽到長輩們聊各種投資術語，包括法拍屋投資也很早就已聽過，像是什麼點交不點交，還有一些法拍的奇聞軼事，有人碰到海蟑螂，有人碰到奇特的屋況等，我也都有聽聞。比起其他吳董法拍屋課堂上的學員，我這方面的基礎可以說有多一點。

但其實也就只有這一點點優勢，任何事若沒親身經歷，依然是紙上談兵。而我就是在透過跟吳董學習後，才能將過往耳濡目染的投資概念，真正化為具體行動。

從紙上談兵到做中學

可能因為「家學淵源」吧！我本身就對投資很有興趣，平日也會留意各類房地產訊息，像是各地區的哪些地段比較有價值？或者要打造一間工業風的新屋裝潢費多少等？我都可以比一般人更專業地發表意見。

不過以前我倒是沒有對法拍屋產生興趣，後來會認識吳董，是因為現實生活中的換屋需求。那時我們家想換一間較大的房子，有留意到某個法拍物件，符合我們的需求，但那是個不點交物件且金額超過四千萬，牽涉到那麼高的金額我們不敢自己進場投標，必須要找專業的代標公司協助。

　　也就是那時我才第一次真正去注意到法拍屋代標這個市場，這方面的公司很多，人人開口就是要先索取幾十萬代標費，還有要價到一百萬的。直到找到吳鴻輝先生，我們才真正覺得，這就是我們想找的法拍屋代標人。

　　吳董他親切專業誠懇，和他第一次見面，我們就覺得願意相信這個人，他代標的價格很實在，合作方式也很彈性，並且和他一聊發現我們彼此有地緣關係，一下子我們感覺就更加熟稔了。

　　以結果來說，那個法拍屋物件我們後來沒標到，但我們在那次認識後，就開始參加他的法拍投資課程。

　　過往的我，有很多投資的知識，但感覺自己只是了解很多術語的書呆子，直到上了吳董的課，才知曉很多投資的實務，許多關鍵往往在細節；例如課堂上可以教你怎麼評估一個物件，但真正的學會要靠親自去現場見證學習。在吳董的課程內容，他會積極的帶領學員去參予實務，包括如何做物件環境勘查？什麼是點交物件的流程？還有法院裡參加法拍標案的現場感覺是怎樣？這些都不是單看書就學得會的。吳

董的課程裡面最為重要的學習，就是像這樣的「做中學」。

跟著吳董投資有信任感

....

　　本身對投資有興趣，也經常閱讀相關資訊，如今再加上參與吳董的實戰課程，我終於敢真正做法拍屋投資。

　　在親身第一線見習了同樣是學員的其他法拍投資物件後，我本身也正式參與投資。在吳董這邊法拍學習後有兩種投資方式，一種是透過上課學習，自己可以進入法拍屋市場實做，一種就是跟學員一起參與集資專案。例如吳董可能經過專業篩選出一個不錯的物件，他公開資訊準備開放二十股每股投資二十萬等，集資完後，會由吳董親自操盤，後續若得標之後從代管到出售的每個流程，也都公開透明。

　　我自己兩種方式都有參加。獨資投標的物件部分，我算是碰到比較特殊的狀況，連吳董都說這種情況非常罕見的；那就是我在南港標得的這個物件，佔用人採取訴訟的方式，讓我們得標卻無法點交，他還一路纏訟到最高法院。但即便過程有些曲折，最終那個佔用人在 2021 年 4 月已經確認要跟我們和解，我們後來也正式取得這個物件。而吳董全程支援我，過程中不論任何疑難雜症，有他在我就很放心，也確認這個投資物件獲利可期。

在集資投資方面，我參與的物件就更多了，遠至新竹投資的標的，許多都還在處理程序中。對我來說，所關心的除了投報率之外，更覺得參與過程裡，可以遇見很多有趣的人事物，這些都足以豐富我的生活。由於有吳董的專業當靠山，我們什麼都不用擔心，就單純體驗投資的樂趣就好。

跟隨吳董投資，若只能用兩個字形容，那我會說「信任」。吳董的投資讓人感到很放心，他一定是自己專業評估後，並且已經計算好每個集資股東都有一定的獲利才會進場，他說話也一定信守承諾，投資法拍屋非常專業，真的是零負評達人。

也推薦讀者若想找到好的投資標的，來上吳董的法拍屋課程，跟著他學習準沒錯。

資深投資人也推薦跟吳董學習

分享人：Mia

我的投資資歷算是非常豐富的，早先我在旅遊產業服務，後來結婚生子，成為相夫教子的家庭主婦，從那時開始，我就讓自己以投資為業，各式各樣投資相關的課程都有去學習，也真正做了許多投資。這其中也包括法拍屋。

但比起我當年的法拍屋投資經驗，我是直到認識吳董後，才真正得窺法拍投資之奧。

這才是我要的課程

最早做法拍投資，已是好多年前的事，本身就對房地產投資有興趣的我，也有去參加法拍屋標案。我不會擔心市場上常有的傳聞，覺得法拍屋很可怕等，因為我總是跟其他專業投資人合作，既減輕資金壓力也降低投資風險。不過從我跟朋友投入法拍屋市場以來，卻一次也沒有成功得標過，直到後來我開始跟吳董學習，才了解當年的法拍屋投資過程，跟朋友兩個人根本都不是那麼的懂，沒得標也算是好事。

為何多年後又開始想投資法拍屋呢？這是一次因緣巧合。原來我小孩的補習班老師，她也喜歡投資，並且跟我氣味相投，我們兩人很有得聊。有一次聊到房地產，那位老師就跟我大力推薦，有個法拍屋老師吳鴻暉上的課很棒，我可以去聽聽看。

老實說，我本身原本就很愛上課，法拍屋的課程以及書本也接觸不少，但每次都覺得「隔了一層」，學習總是無法盡興的感覺。後來才知道，那是因為少了「實務」，而吳董的課程最大特色，就是理論結合實務。

我真正去參加了吳董的課程，真的就覺得這是我喜歡的上課方式。

其實我認識吳董時，他的系列課程算是剛起步，當時是2018 年。我算是元老級的學員，即便在那時，他的上課內容就充滿魅力，融合專業及親和感，到了現在課程經過更多改良，內容就更加精湛實用了。那次的上課讓我得到很多啟發，也再度激起我的投資魂，所以才上一兩次課，我就很積極的正式進場投資。

這是安穩的投資

我的法拍投資，依然選擇找朋友一起合資，我不是獨資

也不是參與集資，我喜歡兩三個人合作的模式。

參加吳董的課程，除了學習到真正的法拍專業外，還有一個讓我獲益匪淺的好處，就是認識了許多志同道合的投資朋友，有些後來也變成我長期投資分享的朋友。

以最近一兩年投資的物件來說，有一件出書前不久剛交屋的物件，是位在新北市板橋區的江子翠捷運站附近，這間法拍屋也是吳董來協助點交。不過對我來說，我後期只是參與朋友的交屋盛事，因為當初房屋得標後不久，有一個合資人特別想擁有那間房子，就合議以 30% 利潤讓出股權，等於我已提早獲利。

那個物件也是很特別，當時是在二拍以九百七十多萬標得，整個處理法律流程其實還好，唯一的波折就是，那間屋子當時一打開門讓我們大家都有點驚呆了，因為完全不是空屋，相反地裡頭像是還有人居住一般；不只滿屋子各種東西，並且還有一大堆顯然是女孩子的玩具雜物衣服等，應該是前任屋主家中有很多女孩子吧？無論如何，那個原屋主已經欠債跑路，也怎樣都連絡不到人，但屋子裡頭那麼多雜物也不能隨便處置，當時的確為此傷透腦筋，之後也是花了一筆錢才整個清除。但除了這樣小小插曲，這投資物件本身是可以有高投報率的這件事是確定的。

而整個過程從最早在法院投標，到後來點交，任何有需要的時候，吳董都一定在，這點是我們最感到放心的。

透過吳董的教學，如今身為資深學員的我，也逐步累積法拍投資實戰經驗。其實我本身也還有其他的投資工具，平心而論，法拍屋投資並不算投報率最高的，但卻是同時結合低風險以及相當投報率的最佳選擇。

基本上，法拍屋就是個穩定的投資工具，也是我非常推薦小資族們，手頭上有閒置資金可以投入這個市場，若資金不足也可以以集資方式，來吳董這邊以合作方式參與投資。

總之，想讓資金安穩應用，就先來找吳董學習吧！

吳董的用心令人感動

分享人：Mike Cheng

網路的一個訊息開啟了我潘朵拉的盒子。

包租公十多年的我也算是半個人生勝利組，在高雄買過數間的房子做起包租的副業，每個月收收租金這樣的生活樂此不過，在同儕中還算不錯。

這樣的日子一久，好像平淡乏味感到沒什麼挑戰性，2020 年中無意間在網路上看到法拍訊息，仔細潛入驚然發現到現在這時代，法拍竟然有在授課……在我的印象中法拍不都是默默進行的投資嗎？老一輩給我的認知是：法拍黑暗多、法拍有蟑螂、法拍屋運勢不佳等負面訊息，所以我當下才會這麼驚訝！勇於挑戰的我，就此打開了我的法拍世界。

認真的課程與實戰

有多少人會去詳細研究自己的房屋及土地謄本？

吳董課程中詳細剖析謄本中的各個細節、法拍公告、評估市場行情、筆錄端倪、投標技巧等，法拍不像一般買房時，

房仲會幫你把資訊蒐集好，只需付錢就買到了，而是必須事前的功課一一做足再進行投標，一般人對於法拍的恐懼就是因為不懂、不了解而有所畏懼。

經過一連串的課程及實戰班戶外現勘，做足功課的我幾次自己前往法院投標室模擬現況：看標、估價、試寫標單、感受氣氛……幾次開標後，發現我的心中估價跟得標者的價格已是接近。就在 3 個月後看到一件高雄案件，我毫不猶豫就藉著吳董上課教授的知識決定投標，多方評估後只加價 1 萬 2 千元就順利得標了。此件地點不錯、室內坪數大、單價低於市場行情，第一次為自己投標就得標還把學費都賺回來了，實在讓我欣喜若狂，更加深我對法拍的熱愛。

期間陸續有持分、土地、稅務、法務相關案件在我手上遇到問題，基本解決概念都懂，唯有細節部分要如何處理得完美？這就是需要請教吳董的地方了。

幾次的問題請教，吳董都親自打給我教授細節該如何處理最為恰當，讓我的問題迎刃而解、茅塞頓開。線上有哪幾位知名老師，可以像吳董這樣直接通電話解決學員問題的呢？

一次的高雄公寓遇到棘手問題：我自行投標的案子已點交，而前屋主將老伴的牌位、遺照及香爐遺留在房屋現場，幾次的聯繫老屋主，對方都推託要待良辰吉時來將留下來的牌位等物品取回，之後老屋主甚至要求我支付一筆無法想像

的超高額費用。吳董得知此事之後，義不容辭一口答應南下高雄幫我解決，也在短時間內圓滿落幕，這樣的法拍老師才叫做手把手教學不是嗎？

現在我對法拍依然滿滿熱忱、持續關注，從每個案件中學到不同的經驗。吳董團隊讓我擁有龐大的支柱，無論是經驗傳授、問題解決或是法務、稅務的處理，對於學員來說都是有幫助的，我在朋友間也樂於分享法拍經驗。

很高興在法拍領域遇到一位真誠實在的老師，吳鴻暉老師謝謝你。

他是專業與感性兼具的好老師

分享人：阮式子（Jerry）

我本身是從事室內裝修行業，本來就對房地產相關專業有一定的基礎，不過我通常只是協助客戶做裝修，過往沒有買賣法拍屋。

其實我有自己去進修做學習，甚至去唸過建築研究所、上過不動產經濟學，本身也有取得相關證照。即使如此，我仍沒有從事法拍屋投資，因為我認為一般市場上的交易都只是很平常的買賣，除非真的找到非常低價的物件，否則總覺得可以賺錢的利差不大。

無論如何，房地產市場受景氣波動影響比較大，而法拍又是比較深奧的領域，過往就算想了解，也不得其門而入。

有去接觸過一些老師講法拍的知識，後來是直到聽到吳鴻暉先生的課程，看到他認真的講課以及他實地帶學員的方式，覺得這樣的教學才比較實在。也就是說，他教學不是只會紙上談兵，而是有真正帶領學員進入實務操作。

這才是真正的專業

　　我差不多在 2021 年初開始參與吳鴻輝老師的課程，後來也實地去找兩個物件，請教吳老師意見，然後學習如何找法拍屋。另外班上有啟動幾個合作投資案件開發接龍，藉由參與過程，我也真正對法拍屋投資越來越熟悉。

　　上課一兩個月後，我就決定要真正做法拍屋投資，一開始還是觀望，但後來就想，賠就賠嘛！投資何必那麼顧忌？於是就真的投入資金去買了法拍屋，還真的因此有了獲利。

　　這跟從前透過仲介找房子，價差頂多 95 折，是完全不同的概念。

　　就這樣透過和吳鴻暉老師學習，我已經可以從頭到尾了解整個法拍屋的投資流程，也實際有成交物件，包括有些接龍的物件也去參與。老師給予我們的指導，讓我們非常安心。

　　特別要提的是，在不同的法拍屋交易過程中，也讓我見識到一些特殊的案例；例如有的房子是屬於原屋主有被刑事扣押的狀況，結果就算這樣的房子也還是可以貸款。其中有牽涉到如何產權跟使用權分開，雖然交易流程會拖延一些，但最終還是可以取得物件。這都是難能可貴的實戰課。

　　像這類物件一般人不敢碰，但吳老師憑其專業，知曉有牽扯到刑事物件，各種法律流程已到尾聲，他判斷可以進場

標，而且可以很低價標得。

　　另外也有碰到交屋時，裡頭住著老太太，強硬不搬遷，雖然我們本就可以合法點交，採取強制執行，但別看吳董長相很強悍，其實他心地很柔軟，他還特別通融給對方多一點時間搬家，吳董心地很好。他雖然懂法也站在理字上，但依然有其感性的一面，甚至他還說願意協助老太太搬家，這就是我眼中溫馨的吳老師、吳董事長。

　　總之跟著吳鴻暉老師，我從一知半解到現在可以真正進入法拍屋市場。他真的是位好老師。

跟著吳董學習法拍心得

分享人：鄭雅予

過去的我從事電子業國外業務 20 多年，當時 200 萬的年薪只知道開開心心的吃喝玩樂、享受人生，對於投資理財一竅不通，一直都覺得把錢放在銀行是最安全的了。當時公司配股以及分紅就拿去買股票、日幣、美金以及玩虛擬貨幣，幾年過去，發現不僅沒有存到錢，而且還負債。

直到 109 年的秋天，因為朋友看不下去我既會賺錢但卻不知道怎麼存錢，搞到自己又負債，因此介紹我來跟吳老師學習法拍屋。

在這 1 年多的日子裡，我從坪數怎麼計算？主建物、附屬建物以及公共設施又是個別代表什麼意思？這些全都搞不清楚，一直到現在我能成功地幫朋友去投標他們屬意的法拍屋，也順理成章的成為公司的種子教練，並勝任課程經理一職。無論是帶學員到法院投標，或者是帶學員到法拍屋的現場去場勘，甚至於學會點交跟不點交的屋子應該如何處理等，全都完全沒有問題。

在老師身上學習到的知識，比滿山滿谷的金銀財寶還要來得豐盛。吳老師是一位說什麼就做什麼、做什麼就說什麼、

言出必行的老師，在他的專業領域裡完全沒有模糊地帶，不僅讓委託人放心更給足無比的安心，吳老師持續地傳授法拍價值給社會大眾，他不怕教只怕你不學！

而我認為，教練的級數決定選手的表現，最關鍵的因素是，你要跟誰學！

決定跟隨吳董追求
未來財富自由

分享人：邵淑華

　　我本身是從事房仲業，當初投入這行業，因為家裡有 2 位罕病家人需要照顧，像無底洞的醫療費用，壓得我喘不過氣來。面對這樣的困境讓我不停重新一再思考，到底要用什麼方法才能夠解決醫療費用，並且存到人生的第一桶金，同時也為自己未來生活作預備？

　　當時經營團購的我在思考轉行，剛好遇到教會的姐妹提供我房仲的工作機會，於是我就成為她的學妹。恰巧疫情剛開始的時候，也艱難的開始我的房仲生涯，在疫情中認真蹲馬步，原本是房仲小白也開始步入軌道。

　　剛決定要踏入房仲產業的時候，恰巧朋友邀約參加「法拍屋分享會」，身為好奇寶寶的我想要了解什麼是法拍屋，於是便參加了「法拍屋分享會」。但是我當初對不動產完全是小白根本聽不懂，對吳董的印象就是高高胖胖專業又有趣的講師。

　　事隔半年左右，有位教會姐妹因為要搬回基隆夫家，於

是將其住（MM21)委託一般約讓我銷售。當時的我是用專任委託的態度在帶看和管理房屋，但是卻被其他的房仲業成交，雖然結果是不爭的事實，但是心裡深覺得可惜。

一次次珍貴的實戰經驗

....

某天滑手機的時候看到 MM21 附近的物件銷售，價格竟然低於市價的法拍屋，於是又燃起我的好奇心，電話詢問詳細內容之時，突然想到之前上過吳董的法拍分享會，於是聯繫團隊專員表明自己要直接加入會員，就是要一周內標這個物件，我抱著勢在必得決心，前往投標！

經過團隊專員的積極鼓勵，我從台北前往新竹聽解說，上課聽到有服務保證項目，還有怎麼去銀行辦理支票、協助房貸業務等。

一開始我因為資金不足有點膽怯，吳董也了解這物件的價值，願意跟我共同合股，讓我有勇氣繼續勇往直前。當時的我真的很想要得到這物件，但是專員一直提醒我不要追高，否則會沒有利潤，於是乖乖聽話，抱持著已經盡力了有就有沒有就算了還有下次的機會。

於是 2021 ／ 11 ／ 30 下午 14：30 我們去投標了。

第一次進法院標法拍屋充滿新奇，結果第二拍不點交，

不過得標價已經接近行情。雖然沒有得標，但是對法拍的吸引力已經深植在我的內心，於是我繼續開始第二拍第三拍……

終於2022／1／3第三拍得標，經過所有權轉移、點交、裝修，最終在同年6月中旬可以正式開賣。

之後還有合標台北的危樓，有的土地必須要放長久的，因為評估未來的獲利很可觀，然後接著是竹東的社區透天……就這樣透過團隊的合標一起拿下，在面對競爭激烈的房仲業和無情的通膨，我終於看到希望！

每次的法拍投標過程中，不停地詢問吳董相關法拍專業問題，吳董也完全不藏私，更願意跟大家分享共同合作。我也因此了解吳董從小家庭的窘境因緣際會接觸法拍翻身，並且累積將近20年經驗值，不僅對於法拍不動產很有遠見、規劃，善於分析時勢和資源，甚至覺得他就像一座寶山很值得學習！

考量未來人生規劃，曾經思考什麼樣的產業不會因為有家庭因素、做到退休後還可以延續下去，評估後決定加入吳董的團隊。在這裡可以邊工作邊投資，更希望在積極正向的團隊發展盡棉薄之力，跟相同理念的同伴一起攜手合作，實現財富自由。

經營團隊的
感恩見證分享

財富人人想要，但如何獲取才好？一來需要專業，二來需要時機，三來需要懂得借力使力。以一般人從事的各行各業職涯來說，憑專業本事領取薪水或從事生意營生，這之間因能力差距，以及是否適才適任等，都影響每月收入。但背後也往往有人們無法克服的大環境問題，例如可能經濟不景氣或新科技誕生淘汰原本產業等。

有人說，努力工作，求溫飽可以，但要致富卻相當困難。如果單靠工作無法保障財富，那就需要投資，但投資需要更多專業，要懂得掌握時機，還需要有人脈經驗等豐富資源來借力，一般民眾如何能做到？

長久以來房地產投資被視為是翻轉人生的重要投資理財工具，但往往因為金額龐大，一般普羅大眾不一定有辦法參與，特別是法拍屋投資，又被視為是房地產領域「專業中的專業」。一般人可以投資法拍屋嗎？如何進場？有多大風險？當人們對法拍屋投資感覺上還是不敢輕易觸碰時，人稱法拍達人的吳鴻暉先生，宛如橫空出世的英雄般，化不可能為可能。他不僅僅本身縱橫法拍市場近二十年戰果豐碩，並且立志要以專業助人，於是他首創以「專業課程輔導、建立團隊合作」的模式，讓原本認為自己不可能投資法拍屋的人也可以進入本領域，分享財富。而且最為人稱道的，吳鴻暉「手把手」式的實戰式教導，讓即使一個素人，也可以毫無壓力的投資致富。

賺錢需要專業、需要時機、也需要懂得借力使力，而吳

鴻暉把這三種需求資源結合，嘉惠民眾，讓他們無後顧之憂。也在他的帶領下，2021 年元旦，台灣第一個以推動法拍屋制度化為宗旨的台灣不動產拍賣品保協會誕生。

關於法拍達人吳鴻暉的理念以及結合團隊參予投資的種種優勢，本書最後邀請頂贏國際重要合作夥伴鄺先生，以不同角度來做分享。

以事業經營者角度
來看法拍投資

頂贏國際資產投資顧問公司 總經理 ╱ 鄺仲銘

緣分真是巧妙的東西,認識吳鴻暉的時候,我還是個上班族,他則在南港擔任房仲公司店長,兩個人原本因地緣關係,可能曾經路上交錯,但好幾年都沒有任何互動。然而,一旦認識後,真的是相見恨晚,彼此理念契合,個性互補,又都有投資理財的抱負,終於雙方建立長期合作關係,成為事業夥伴。一起投入法拍屋領域,為社會大眾服務。

從不懂財商到長期投資

我本身也算是個資深投資人,從小就因家境關係,對賺錢這件事非常看重。以投資「年資」來看,已超過二十年。

父親是個事業家,早年在台灣從事建設營造及裝潢有成,還曾遠赴中國創立成衣廠。然而人生際遇難料,當厄運

來臨，精明如父親，卻在短時間內財富被騙光事業破產。彼時還是學生的我，立時覺悟，我不能再過安逸的日子，必須盡快讓自己投入賺錢行列。當時前前後後從事過的打工類別超過二十種，總之，為了過生活我不怕各種挑戰，少年時期就經歷磨練。

那時候我的內心就有個強烈的願望，我要擁有自己的房子。這願望如此熾熱，成為我人生的動力，我退伍後工作上班第二年，才 25 歲就開始買房子。

當年的我，一來沒有什麼財商基礎，二來剛入社會手上資金也很少，不過就是過往打工累積的微薄積蓄而已。那樣的我，也只能買預售屋。

說起來，也算是人生難得的機運。我不是因為想賺大錢才投資房地產，我是因為擁有房地產後，才知道房地產可以投資理財。

那年正是 SARS 猖獗，人人聞之色變，表現在社會上就是百業蕭條，包括房市也是一片慘淡。正因為如此，我才能逢低進場，以一坪十幾萬的價格，在新店買了人生第一間房子。我印象很深刻，看樣品屋的時候，工作人員遠比現場的購屋民眾還多很多，根本就是十幾二十個人服務我一個人。

當時的我根本沒有什麼理財的概念，心中只想著「終於買房子，實現我的人生夢想」。身為上班族，我依然過著朝八晚八的平凡忙碌歲月。然而我沒想過房屋可以理財的事，

卻一天到晚接到房仲公司的電話。那年代尚無個資法，每天看到陌生來電，我只覺得心煩，都是要問我：「要不要賣房子？」真是莫名其妙。我明明剛買房子，甚至都還沒交屋，賣什麼房子啊？到後來，就是電話響了連接都不想接，乾脆直接掛斷。

有一天，那天可能在公司裡任務達成，有被主管稱讚，心情很好，因此難得地接到陌生電話後我沒掛斷，還跟對方聊天。那時來電的是力霸房屋（後來改名東森房屋）的仲介，他也是問我要不要賣屋，我笑問，你們都要我賣屋，到底現在一坪可以賣多少啊？聽到的答案竟然是大約每坪 22 萬。

初聽之時我感到訝異，等我再問一次確認，也不禁有點心動。畢竟，我當時一坪只買 15 萬，才短短不到兩年就漲這麼多！我自己換算，如果我把房子賣掉，可以賺上百萬呢！

考慮幾天後，我就想，給他賣賣看也無妨，於是就答應那位仲介把房子委託給他賣。真正出乎我意料外的，三天後，就已經有消息，房子真的就以每坪 22 萬價位賣出，而那時預售屋也才剛交屋。

直到戶頭多出了上百萬，我都還覺得有種不真實的感覺。怎麼回事？我辛苦上班都沒辦法賺到那麼多錢，現在我只是電話做個委託，就能賺到超乎我想像多的錢？

也因為這樣的刺激，我才真正開始用心去學理財。

投資之路平順成長

是的，相信一般人很少聽過這種情形：先賺到錢了，才認真學理財。

實在說，第一筆房地產獲利，真的只是剛好在對的時間進場，相信 SARS 那年和我一樣有買房子的人，每個人後來都有相當獲利。

當時的我不但覺得忽然賺到錢這件事很不真實，甚至還有種罪惡感。我何德何能？一個年輕人可以短時間賺到這麼多的錢。做為對命運的回報，我覺得我有責任，好好地學理財。

我說到做到，一有時間就透過各種方式學習，包括買書、聽課，也自己參與投資實務。學習的範圍也不限於房地產，各式各樣投資工具我都去接觸，當然，我會花更多功夫在房地產投資的學習上。那年代網路還不那麼方便，找資訊比較不容易，我仍勤勞的四處蒐集資料，當時幾乎所有房地產的書我都買來並且真的研讀過，至今那些書都還擺在我的房間。儘管可能書中內容如今看來已經過時，但做為我學習成長的印記，我非常珍惜。

既然我人生第一次買屋就能獲利，加上後續又勤加學習，我自然不會中斷我的投資之路，因此，從 25 歲那年起，我就不斷的買屋賣屋，可以說，坊間各種老師教授的房地產

投資方式，不論是預售屋、中古屋、隔套房收租，各種模式我都親身實做，越投資越有心得。到後來，一般中古屋買賣對我已經不是難事，我很早就投資房地產中最難的一個環節，也就是法拍屋投資。

以投資資歷來看，我早在民國 95 年就已經開始去上法拍屋投資課，當年這樣的課程才剛剛興起，大部分人連聽都還沒聽過法拍屋這個名詞，我這年輕人就已坐在課堂上聽著那些法律相關術語，隔年就正式參與法拍屋投標，後來也順利賺到錢。但可能投資真的不需要耗費太多時間吧！因此就算我投資有相當獲利了，我依然還是當個上班族。

我自以為已經是投資高手了，其實我要學得還很多，直到後來認識吳鴻暉先生，他才是我真正佩服的房地產投資高手，特別是法拍屋領域，他的專業令我甘拜下風。

我是在怎樣的機緣下認識吳鴻暉呢？正好是我剛在投資市場上跌一跤後不久。可以說，在跌倒後，因為認識吳董，我的人生有了新的轉機。

認識真正的法拍達人吳鴻暉

遇見吳董前，我剛結束一場令人身心俱疲的官司。那一年我為了在宜蘭投資民宿，用存了幾年的錢在那買了一塊地，

後來恍若一場惡夢般，花了大錢才發現那裡根本不能蓋民宿。

　　話說從頭，為何我想在宜蘭蓋民宿，緣於我從小就有的夢想。小時候家境還不錯，爸爸除了會賺錢，也懂得生活，那時爸媽每逢假日就會帶著我們幾個孩子，開休旅車上山下海，露營旅行。那樣的回憶伴隨我長大，我從小就夢想將來要擁有旅館，讓旅行融入生活中。我進入社會工作後的第一個願望，就是先要有自己的房子，後來透過房地產投資賺到錢之後，就想實現小時候的夢想。因此在經過地點評估後，決定選在宜蘭海邊圓夢，包括 Slogan 也想好了，我想蓋一間民宿是「欣賞龜山島美景的第一排」。

　　結果宜蘭這回的投資，是我自開始投資以來，第一次失誤跌個大跟斗。即便如此，我想要建旅館的夢想並未被澆熄，打了官司後，我後來把土地處理掉，也拿到一些賠償金，心中還是念念不忘想找投資標的。也就是在這時候，經朋友引薦，我認識了吳鴻暉先生。

　　這中間還有很多有趣的交流故事，當初見面談的原本是投資旅店的事，卻因為相談甚歡，英雄惜英雄的情感，發展為共同合作事業。也在那時我們經常針對投資議題做討論，同時也分享該如何一邊投資一邊也對社會有更多貢獻。比較起來，吳鴻暉先生是個草根性強的實戰派，喜歡在外面趴趴走、每天接觸物件，我這邊則有非常豐富的上課經驗，可以說，台灣從南到北，我上過太多的投資課。其中跟房地產相關的，更是只要市場上叫得出名號的老師，他們的課我都上

過，也因此，我可以分享這方面經驗給吳鴻暉。

就是這樣經過兩人經常性的討論，最後就催生出如今的法拍屋培訓及學員制模式。當然中間也經歷過一些摸索，最初的學員也不多，無論如何，我們後來就創建出如今南北法拍課分享，以及加入會員共同集資買屋助人圓夢的模式。

我們開課的理念：人生有各種投資，大家都想要找到最安全的，價值高且風險低的投資。而這世上哪一種投資 CP 值最高呢？

天底下最安全的投資，其實就是投資自己的腦袋。一旦學會了，誰也拿不走。

秉持著這樣的理念，短短兩年內，吳鴻暉藉由開課以及手把手的引領，已經幫助了數百人投資圓夢。

為了將夢想擴大，我們朝事業經營模式來拓展，後來也就有了頂贏國際的誕生，我也正式告別上班族，和吳董合作事業，他擔任董事長，我擔任總經理。

頂贏事業所在大樓，本身也是透過法拍市場標得，現在成為事業集團的總部。這背後也是很有故事，留待哪天可以和讀者分享。

集團選在 2021 年元旦正式進駐大樓，而開幕的同一天，

也是台灣不動產拍賣品保協會的成立大會。相信在吳鴻暉董事長的領導下，透過集團事業的營運以及協會的運作，可以幫助更多人在新的一年，幸福投資致富。

法拍屋投資攻略：
全能法拍王吳鴻暉無私傳授合法暴利的祕密，
20 年 600 間的實戰經驗，法拍必勝 123

作　　　者／吳鴻暉
美 術 編 輯／申朗創意
責 任 編 輯／柏蓉
企畫選書人／賈俊國

總 編 輯／賈俊國
副 總 編 輯／蘇士尹
編　　　輯／高懿萩
行 銷 企 畫／張莉榮・蕭羽猜、黃欣

發 行 人／何飛鵬
法 律 顧 問／元禾法律事務所王子文律師
出　　　版／布克文化出版事業部
　　　　　　台北市中山區民生東路二段 141 號 8 樓
　　　　　　電話：(02)2500-7008　傳真：(02)2502-7676
　　　　　　Email：sbooker.service@cite.com.tw
發　　　行／英屬蓋曼群島商家庭傳媒股份有限公司城邦分公司
　　　　　　台北市中山區民生東路二段 141 號 2 樓
　　　　　　書虫客服服務專線：(02)2500-7718；2500-7719
　　　　　　24 小時傳真專線：(02)2500-1990；2500-1991
　　　　　　劃撥帳號：19863813；戶名：書虫股份有限公司
　　　　　　讀者服務信箱：service@readingclub.com.tw
香港發行所／城邦（香港）出版集團有限公司
　　　　　　香港灣仔駱克道 193 號東超商業中心 1 樓
　　　　　　電話：+852-2508-6231　　傳真：+852-2578-9337
　　　　　　Email：hkcite@biznetvigator.com
馬新發行所／城邦（馬新）出版集團 Cité (M) Sdn. Bhd.
　　　　　　41, Jalan Radin Anum, Bandar Baru Sri Petaling,
　　　　　　57000 Kuala Lumpur, Malaysia
　　　　　　電話：+603- 9057-8822　　傳真：+603- 9057-6622
　　　　　　Email：cite@cite.com.my
印　　　刷／卡樂彩色製版印刷有限公司
初　　　版／2023 年 01 月
定　　　價／380 元
Ｉ Ｓ Ｂ Ｎ／978-986-0796-92-6
Ｅ Ｉ Ｓ Ｂ Ｎ／978-986-0796-91-9（EPUB）

法拍屋投資攻略：全能法拍王吳鴻暉無私傳授合法暴利
的祕密，20 年 600 間的實戰經驗，法拍必勝 123 / 吳
鴻暉著 . -- 初版 . -- 臺北市：布克文化出版事業部出版：
屬蓋曼群島商家庭傳媒股份有限公司城邦分公司發行，
2023.01
　面；　公分
ISBN 978-986-0796-92-6(平裝)

1.CST: 不動產業 2.CST: 拍賣 3.CST: 投資

554.89　　　　110021676

城邦讀書花園
www.cite.com.tw　布克文化 WWW.SBOOKER.COM.TW